子どもの
心理検査・知能検査

保護者と先生のための
100%活用ブック

熊上 崇・星井純子・熊上藤子〔著〕

合同出版

まえがき

　「子どもの発達が心配……先生から心理検査をすすめられました。でも心理検査って何なんだろう？　IQが低かったらどうすればいいの？」

　「心理検査の結果が出たけれど、検査をした先生の言っている言葉が専門用語でよく分からない、知覚推理とかワーキングメモリとか、どういう意味だろう」

　「この結果を幼稚園（保育園）や学校の先生にうまく説明できる気がしない」

　「一番悩んでいるのは子ども……でもどうやって支えてあげれば良いのだろう？」

　このような悩みを持ったことはありませんか？

　本書は、そのようなお子さんの発達で悩みを抱えている保護者や支援者のみなさんのために、主に発達領域で実施されることの多いWISC-ⅣやKABC-Ⅱなどの知能検査を中心とした心理検査について、その内容や歴史・支援や指導の具体的な方法をまとめたものです。

　発達の遅れや凸凹が感じられるときに「心理検査を受けましょう」と言われると、親も子どもも不安な気持ちになります。それは当然のことです。本書では、そうした親や子どもの不安な気持ちに寄り添い、なんのために検査を行うのかを明確にしたうえで少しでも不安を解消できるように、分かりやすく解説しました。

　まずはお子さんの知能や認知特性を知ったうえで、その子の「長所を活用した支援」をすることにより、子どもの自尊心や自己肯定感も育てることができると思います。

　心理検査の結果について説明を聞いたときに、専門用語が難しかったり、報告書の内容が分からないときがあるかと思います。そのときのために本書を活用していただき「支援のための10のポイント」も参考にしてみてください。

　巻末には、心理検査の結果を幼稚園（保育園）や学校の先生方と情報を共有するための「検査活用サポートシート」も作りました。苦戦している子の親だけでなく、学校の先生や支援者が一つのチームとなって子どもを支える一助にしていただければと思います。

　心理検査（知能検査を含む）は子どもにレッテルを貼ったり、識別するためのものではありません。何より、子どもを理解し子どもを中心としたチーム支援を促進するためのものです。子どもの心に寄り添う親や支援者のために、本書が活用されることを願っています。

著者を代表して　熊上　崇

もくじ

Part 2　検査報告書の読み取り方と活用例

Part 3　子どもを支援する10のポイント

IQと
心理検査・知能検査

　ここでは、まず保護者の方が一番気になる「知能指数って何だろう」ということに対する説明から始めます。そして、知能指数を測る知能検査はどのような歴史で作られてきたのか、知能指数にはどのような意味があり、それは将来も変わらないものなのか、それともその時々によって変わることもあるかなどを解説します。そして代表的な知能検査である、WISC-Ⅳ、KABC-Ⅱ、田中ビネー知能検査Ⅴや知能検査以外で使われることのある心理検査をいくつか紹介していきます。

IQ（知能指数）って なんだろう？

IQ や知能指数はよく聞く言葉ですが、実際に子どもが知能検査を受けたり、「医療機関や児童相談所で知能を測りましょう」と言われたら、不安になってしまう保護者も多いと思います。

　そもそも知能はどうやって測るのでしょうか。知能という言葉から、あなたは何をイメージしますか。記憶力、計算力、漢字力、読む力、判断力、問題解決力？

　本や通信教育で、「IQ が 140 まで上がる教育方法！」とうたっているものもありますが、本当なのでしょうか。そもそも、IQ（知能指数）とは何でしょうか。

知能検査を作った学者達

　世界で最初（1905 年）に知能検査を作ったのは、フランスのビネーという心理学者です。ビネーらは当時、知的障害などの疑いで特別な支援をする学校に通わせた方がよい子ども達を、どうやって見分ければよいか、主観でなく、客観的なデータで示そうと考えていました。そこで注意力や記憶力、語彙力（どれだけでの言葉を知っているか）などいくつかの検査を行い、その結果を数値化して一つにまとめて「知能」としました。これによりビネーは「知能検査の父」と言われています。

　このビネーの知能検査を改良して、ターマンというアメリカの学者が、「スタンフォード・ビネー検査」を 1916 年に作りました。ちなみに 1916 年は第一次世界大戦のまっただ中で、知能検査には軍隊での兵隊の能力を測るという暗い歴史もありました。

▲ビネー

　知能検査で、知能を客観的な数値で表すために、数千人もの人にこの検査をして「標準データ」を作りました。検査結果数値を見るときの「ものさし」です。そして、検査を受けた人が、「標準データ」の中のどの位置にいるのかを数値で表したものをIQとしたのです。このような「標準データ」の中の位置で表すやり方を「偏差IQ」と言います。このとき、言語で測る検査と、英語が母語でない人のために絵や図を使って測る検査がありました。

　現在の知能検査は、この「偏差IQ」の方法で、「スタンフォード・ビネー検査」を改良した「ウェクスラー式知能検査」を使うことが多いです。

標準データって、どういうもの？

　「標準データ」は、簡単にいうと、注意力や記憶力、語彙力などの検査結果を統計的に処理した数値に換算して並べたもので、次ページの図のように山型の分布を示します。IQ（Intelligence Quotient）とは、その中のどの位置にいるのかを数値で表したものです。このような「標準データ」の中の位置で、IQを算出したものを「偏差IQ」といいます。

　例えば、「身長」が日本人の男性の平均が170センチとすると、平均の周辺に多くの人がいて、150センチや190センチの人は少なくなります。IQも同じで、平均が100で、IQ70やIQ130という人は、とても少ないのです。

　どれくらい少ないかというと、IQ70以下とIQ130以上は、それぞれ全体の2.2％になります。さらにIQ60以下の人とIQ140以上は、それぞれ全体の0.1％になります。このような分布を「正規分布」といいます。

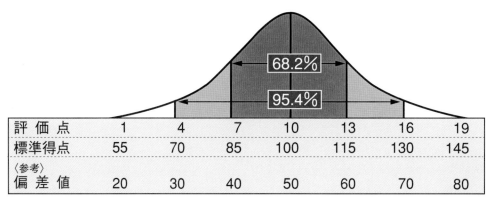

評 価 点	1	4	7	10	13	16	19
標準得点	55	70	85	100	115	130	145
〈参考〉偏 差 値	20	30	40	50	60	70	80

▲正規分布

　「IQが140になる方法」とか「IQを伸ばす方法」という本やネット記事がありますが、そもそもIQとは、学力のように努力で伸びたりするものではありません。

　知能検査の結果は、「全体の中でどの位置にあるか」を示すもので、頭の良さそれ自体を表した数値ではないのです。「知能」は、「記憶する力」「読む力」「計算する力」「書く力」「推理する力」「判断する力」など、さまざまな能力でできています。ですから、検査の結果を見るときにはIQの数値だけに注目するのではなく、「記憶力は弱いけれど、推理する力は強いな」などと、その子の得意・不得意を知ることが、支援に生かすために大切なのです。

 IQの数値は成長とともに変わるの？

　「うちの子、IQ90だって。これって将来もずっとそうなの？」知能検査を受けて、そんなことを思った保護者の方もいると思います。知能検査を受けてIQなどの数値が出ると、とてもドキドキしますし、低い数値がでるとガッカリしたり、あるいは「やっぱりそうか、だから理解できなくて苦しかったんだね」と納得する人もいます。

　どちらにしても、IQという数値はさまざまな感情を引き起こしますが「将来もずっと同じなのか」「絶対的な数値なのか」という質問に対しては、次のよう

に答えます。

「将来もずっと同じではないですし、絶対的な数値ではありません」

「IQ の数値は、揺れ動いたり、幅があるものです。例えば、体調が今一つだったり、緊張して能力が発揮できないときもあるし、学校や家庭で心配事があって集中できなかったかもしれません。そのときの影響を受けやすいデリケートなもので、数値はあくまでも検査を受けたときのものであり、絶対的なものではありません」と言います。

また、IQ などの数値は「幅がある」と書きましたが、これを専門用語では「信頼区間」といいます（50 ページ報告書にもあります）。

例えば、 IQ90（90％信頼区間 85〜95）と結果報告書に書いてあったとします。これを見ると 90 という数値にとらわれてしまうかもしれませんが、「信頼区間」が 85〜95 と書いてあります。これと併せて IQ の数値を見て下さい。90％信頼区間で 85〜95 というのは、「仮に同じような検査を 100 回したとして、85〜95 のうちに入る確率が 90％」という意味です。

同じように 95％信頼区間というものがよく使われることもあります。例えば IQ90（95％信頼区間 82〜98）と書いてあったとすると、理論上これは同じ検査を 100 回やったときに 95 回（つまり 95％は）は 82〜98 までの間に入る、という意味です。ですから、110 から 115 に上がった・下がったなどと一喜一憂することは意味がありません。

IQ などの標準得点の数値は、そのときのコンディションで変化しますので、信頼区間をよく見て、幅のある数値であること、子どもの IQ がその範囲に「現時点では」あるということを理解していただければと思います。

・IQ は学力と違って努力で伸びない
・知能検査は IQ の数値よりもさまざまな能力のバランスを見る必要がある

心理検査・知能検査はどのようなものがあるの?

 知能検査にはどのようなものがあるでしょうか? よく教育相談や医療機関、児童相談所などで使われている個別式の知能検査であるWISC-Ⅳ、KABC-Ⅱ、田中ビネー知能検査Ⅴについて説明していきましょう。

① WISC-Ⅳ（ウィスクフォー）

　現在の知能検査は、スタンフォード・ビネー検査を改良したウェクスラー式の検査が多く使われています。WISC-Ⅳは5歳から16歳の子どもを対象にしたもので、正式な名称をWechesler intelligence scale for childrenといいⅣは第4版の意味です。最初に作られたバージョンから10数年ごとに改訂されています。

　というのも、知能検査の中には時代にそぐわなくなってしまった設問もあったり、数十年たつと知能検査の数値がだんだん高くなるという現象もあります。これをフリン（flyn）効果と呼びます。フリン効果は幼児の育児環境の改善によって発生すると考えられているため、検査を改訂していく必要があるのです。現在日本で使われているWISCは第4版ですが、近々第5版（WISC-Ⅴ）が出る予定です。

　WISC-Ⅳは、検査者と子どもが一対一で実施します（他の個別式検査も同じです）。

　すべての検査を実施すると大変なので、IQなどの数値を出すには基本の検査を行い、補助の検査は必要に応じて実施することになっています。なお、問題の流出を防ぐために、検査の詳しい中身は書くことはできないルールになっています。

　検査にかかる時間はだいたい1時間程度です。WISC-Ⅳでわかるものは、「全IQ」というIQに相当する数値と、知能の中の4つの要素、「言語理解」「知覚推理」「ワーキングメモリー」「処理速度」です。これらは標準得点として平均を100とした数値で算出されます。これを「指標得点」といいます。

４つの指標

言語理解　主に言葉の理解力、言葉でのやりとりの力を測るものです。「言語理解」の能力が高いと言葉での指示は通じやすいですが、この能力が低めだと、言葉だけのやりとりでは不十分で困ってしまう場面も見られます。例えば図や写真、絵で視覚化するなど、本人が得意で理解しやすい方法に置き換える工夫が良いとされています。

前から２列目までは右に移動

知覚推理　新たな場面で推理や推測をしたり、合理的な行動ができるかどうかを測るものです。つまり、蓄積された知識ではなく、その場の状況に応じて対応できる力ということになります。この能力が高いと、教室や職場での新たな場面での適応がしやすく、この能力が低いと、子どもに「よく考えて行動しなさい」と推理を促すと戸惑ってしまうので、あらかじめ行動の仕方や見通しを教えてあげるとよいでしょう。

ワーキングメモリー　見たり聞いたりしたことを、記憶に一時的に保存しておくこと、短期記憶の能力です。例えば新しい仕事のやり方や、数学の公式などを一時的に覚えておき、それを使ったりすることです。一方、自転車の乗り方や自宅の住所などはワーキングメモリーではなく、「長期記憶」と呼ばれ、同じ記憶力でも区別されます。ワーキングメモリーの能力が高いと、一度聞いたことを覚えて苦もなく作業に取りかかれますが、低めだと、指示しても覚えら

れずに 10 秒くらいたつと忘れてしまい、「なんでさっき説明したのにわからないの」と叱られてしまうことがよくあります。自尊心の低下などの二次的な問題にもつながりやすいため、ワーキングメモリーが低めの子どもには、メモ帳やタブレットを持たせて指示されたことを記録するなどの対処方法を教えたり練習させたりすることも大切になります。ちなみに WISC- Ⅳで測るのは聴覚的ワーキングメモリーです。

処理速度　作業を処理するスピードのことです。例えば間違い探しが得意な子どもは、視覚的な処理速度が優れているといえるでしょう。処理速度が高い子どもはテキパキとその場の状況に応じた作業ができますが、処理速度が低い子どもの場合は、「時間がかかってもいいから落ち着いてゆっくり、正確にやろう」と声かけをしてあげたいものです。「もっと早く」と言われると「頑張っているのにできないよ」と自信をなくしてしまいます。

長所活用形指導

　検査者は検査中の様子や行動観察も踏まえて検査結果の解釈を行い、全 IQ や指標得点と併せて、子どもや保護者に説明を行います。

　例えば「パズルのように手を使って見本どおりに動かす課題のときは、すごく

うれしそうに取り組んでいました。しかし、耳で聞く課題のときは、集中できず、つらそうなときがありました」などと、検査中に観察した様子も、解釈をして伝えます。子どもの得意・不得意を明らかにして支援の方法を考えていくという進め方です。

WISC- IV では、「言語理解」「知覚推理」「ワーキングメモリー」「処理速度」などは数値（標準得点）で算出されますが、信頼区間で示されるように「幅のある」数値です。数値だけにとらわれたり、数値を上げようとすると、子どもにとって必要な支援がされない可能性があります。検査結果はあくまで子ども達の得意・不得意を見つけて、どんな支援が必要かをみんなで考える材料です。

例えば、全 IQ が 90、言語理解が 80、知覚推理が 100、ワーキングメモリーが 70、処理速度が 110 という子どもがいたとします。このような子どもについて、まず得意なところから見ていきます。

お子さんは処理速度と知覚推理の能力が高いですね。得意なことは、見たものをもとにしてシンプルな作業をすることです。パズルのように手本を見て完成させる課題は得意で、イキイキとしていました

ふだんでも得意なことはすばやくやりますね

逆に、言語理解とワーキングメモリーが低いので、言葉での説明や指示を一時的に記憶するのは苦手です

どうしたらいいんですか？

言葉での指示だけでは忘れてしまうことがあるので、指示するときは、メモに書いて渡してあげるといいですよ

このように、他の子と数値を比べるのではなく、その子の中で何が得意・不得

意か、何の能力が高い・低いかを測ることが大切なのです。このような考え方を「長所活用型指導」と呼んでいます。「長所活用型指導」の逆の言葉は「短所改善型指導」です。

　誰でも短所を改善させられるよりも、長所をほめて認められたり、それを生かして生活したいですね。WISC の指標得点の数値も、この「長所活用型」の考えで受けとめてほしいと思います。

個人間差と個人内差

　ちなみに、同年代の子どもとの比較を「個人間差」、一人の中での得意・不得意の比較を「個人内差」といいます。支援に大切なのは「個人内差」であり、他人と比較することではありません。自分のなかの得意・不得意を見つけるための検査なのです。

② KABC- Ⅱ（ケイエービーシーツー）

　アラン・カウフマン博士とネイディーン・カウフマン博士という米国の知能検査の研究者の 2 人が作成した検査です。KABC- Ⅱ は Kaufman assessment battery for children の略称で、直訳すると「子ども用カウフマン式の検査組み合わせ」になります。

　KABC- Ⅱの適用年齢は、2 歳 6 ヶ月から 18 歳 11 ヶ月までなので、広く幼児から小中学生、思春期、青年期の認知特性や習得度を測定するものとして使われています。

　ちなみに、カウフマン博士夫妻は多くの心理検査の作成・研究をしていて、WISC の第 2 版である WISC- R、カウフマン式の学習到達度検査（KTEA）など今までたくさんの検査を開発しています。

　KABC- Ⅱも WISC- Ⅳと同様に、いくつかの検査の複合から成っています。大きく分けると、「認知検査」と「習得検査」があります。

■認知検査

　「認知検査」の「認知」とは、学校などで学んだことをどれだけ理解しているかではなく、新たな刺激や状況をどのように処理するかという脳の働きのことです。子どもそれぞれの脳の働き方、これを「認知特性」といいますが、認知検査

はその子どもなりの「認知特性」つまり「脳の働き方の特徴・個性」を明らかにしようとするものです。

　この「認知検査」の中には、例えば、視覚的に示された情報のパターンを読み取れるか、見本として示されたパズルのようなものを再現できるか、物語の文脈を理解できるか、見たり聞いたりしたことを順番通りにどのくらい覚えられるか、新しい情報をどれだけ記憶できるかなど、さまざまな検査があります。

■ **カウフマンモデル―KABC-Ⅱの2つの理論的背景**
　あなたの脳の働き方は、継次処理？　同時処理？
　カウフマンモデルでは、情報を処理するときの、脳の働き方を「継次処理」と「同時処理」という2つのパターンに分けています。

　例えば、あなたが駅から学校まで行くときの道順を人に説明されたときに、以下のどちらが分かりやすいですか？

〈パターン1〉　ナビタイプ　段階的に伝える
M駅の出口を左に曲がり、
見えた交差点を右折して
2軒目の店が花屋です。

〈パターン2〉　地図タイプ　全体的・視覚的に伝える
この地図を見てください。
ここがM駅出口で、
このような道順で行くと花屋に着きます。

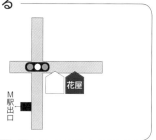

　いわば「ナビタイプ」と「地図タイプ」ですね。あなたは、どちらの方がスッと頭に入ってきますか？

　もしも、「ナビタイプ」のほうがスッと頭に入ってきたとしたら、あなたは

「継次処理」優位タイプかもしれません。また、「地図タイプ」の方が理解しやすくすんなりたどり着けるのであれば、あなたは「同時処理」優位タイプかもしれません。

　「継次処理」優位タイプの子どもにとってわかりやすい伝え方は、段階的に、順序立てて、部分から全体へという方向です。例えば掃除の仕方を教えるときには、一つ一つ順序立てて情報を提示します。

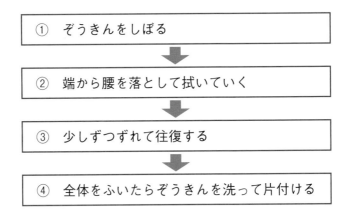

①　ぞうきんをしぼる

②　端から腰を落として拭いていく

③　少しずつずれて往復する

④　全体をふいたらぞうきんを洗って片付ける

　同時処理の場合は、掃除の目的や掃除が終わったときの状態がイメージできるような説明をして、写真でぞうきんの絞り方、教室のふき方などを全体的・視覚的に示します。

　このような「継次処理」「同時処理」という情報の処理の仕方は、もともとはルリアというロシアの神経心理学者が考えたモデルです。このモデルにもとづき、カウフマンがK -ABC という検査を作成しました。

　KABC- Ⅱの理論的背景である「カウフマンモデル」は、認知特性を「同時処理」「継次処理」の2つの見方で考え、さらに「計画尺度」「学習尺度」を算出します。

■計画尺度

　物事を予測して推論したり見通したりする能力のことです。簡単にいうと、計画を立てる（見通しをつける）能力のことです。この能力が強ければ、新しい場面で何をしたらどうなるかという見通しがたちやすくなります。

　計画尺度が弱い子どもの場合、自分がこれからどうなっていくのかを予測するのが難しく、新しい場面では何をしていいのかわからなくなってしまい、結果的

に「何やっているの？」「真面目にやっているの？」と誤解されてしまいます。

　計画尺度が低い人に対しては、その人が継次処理優位型か同時処理優位型かを把握したうえで、これから起こることを得意な処理能力に合わせた方法で具体的に教えてあげると、失敗することが減り、自尊心が傷つく体験も減ります。

　例えば「掃除をしておいて。何をどうするかは自分で考えて」と指示しただけでは、固まってしまい行動がおこせなくなるかもしれません。継次処理型の子どもには順序立てた掃除の手順表、同時処理型の子どもには掃除の全体図を示すなどの支援を考えていきましょう。

■ 学習尺度

　新しい物事を記憶したり、覚える能力のことです。子どもから青年期までは、授業や仕事、普段の生活で、新しい物事を覚えたり学ぶ場面の連続です。けれども、子ども達の中には、新しいことを覚えることが得意な子もいれば、苦手な子もいます。その程度を数値で算出したものが「学習尺度」です。

　「学習尺度」の得点が高い子どもは、新しい物事を覚えたり、たとえ間違って覚えても教えてもらえると修正したりすることができます。一方、「学習尺度」の得点が低い子どもは、新しい漢字や算数・数学の公式などを教わったときに、すんなりと覚えることができない可能性があります。だからといって「覚えられるまで、何百回も書きましょう」と反復練習で身につけさせようとしてもうまくいかず、子どもの自尊心はずたずたになってしまいます。

　「一度に覚えることは苦手なんだね」とその子どもの認知特性と心情にまずは寄り添い、「では、どうすれば覚えられるか、一緒にやってみよう」と支援することが大切で、そのときに前述の「継次処理」「同時処理」の考え方を使います。

　継次処理優位型で、学習尺度が低めの子どもであれば、１〜、２〜などとメモやノートを行動の順番（または箇条書き）でとるように指導したり、同時処理優位型で、学習尺度が低めの子どもであれば、同じくメモやノートに図式化して書くように指導することなどが考えられます。

■ 習得検査

　「習得検査」は、「語彙」「読み」「書き」「算数」から成り学習などの習得に関わる検査です。「語彙」はボキャブラリーの量のことで、絵を見たり、日常生活の中で使う語彙がどれほど定着しているかを測るものです。

「読み」はひらがなやカタカナ、漢字などを「読む」能力だけでなく、文の理解力も含まれています。「書き」もひらがなやカタカナ、漢字を「書く」能力のほか、文を書く・構成する能力を測ります。

「算数」は、加減乗除や方程式、因数分解などの「計算」を測る能力と、算数・数学の文章題のように、意味を理解して頭の中で数式をたてて答えを出す「数的推論」の能力も測っています。

■ CHC 理論

現在の知能検査の多くは「CHC 理論」というモデルで作られています。CHCというのはアメリカの 3 人の研究者の名前の頭文字をとったもので Cattell-Horn-Carroll 理論といいます。

キャッテルとホーンという研究者は、知能を大きく「流動性推理」と「結晶性能力」の 2 つに分けられると考えました。

● 「流動性推理」

　新しい場面に対処できる能力で、例えば、近道を見つけたり、物事のパターンを見いだしたりできる推理能力です。

● 「結晶性能力」

　幼い頃からの蓄積された知識で、ボキャブラリー（語彙）や知識の量のことです。

次にキャロルという研究者は、今までの知能に関する膨大な数の研究を集めて分類しました。その中に「流動性推理」や「結晶性能力」も含まれるのですが、ほかにも「視覚的な能力」「処理速度」「長期記憶と検索」などの能力があるとしました。そして、知能というのは、いくつかの能力の「束」だと考えるようになったのです。いくつかの能力の「束」の全体を「一般知能 g」と名付けたのですが、この「g」が IQ に相当するものです。

つまり IQ とは、読み書きの能力だけでもないし、新しい場面における推理や予測の能力だけでもない、さまざまな能力の「束」という考え方です。「知能とは何か」に関する答えは、現在のところ、この CHC 理論によっています。

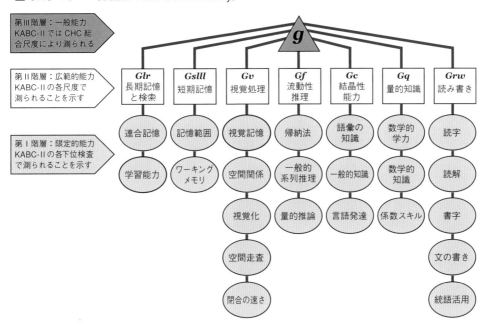

■ CHC モデル（Cattell-Horn-Carroll theory）

第Ⅲ階層：一般能力
KABC-Ⅱでは CHC 総
合尺度により測られる

第Ⅱ階層：広範的能力
KABC-Ⅱの各尺度で
測られることを示す

第Ⅰ階層：限定的能力
KABC-Ⅱの各下位検査
で測られることを示す

g

Glr 長期記憶と検索	**Gslll** 短期記憶	**Gv** 視覚処理	**Gf** 流動性推理	**Gc** 結晶性能力	**Gq** 量的知識	**Grw** 読み書き
連合記憶	記憶範囲	視覚記憶	帰納法	語彙の知識	数学的学力	読字
学習能力	ワーキングメモリ	空間関係	一般的系列推理	一般的知識	数学的知識	読解
		視覚化	量的推論	言語発達	係数スキル	書字
		空間走査				文の書き
		閉合の速さ				統語活用

▲日本版 KABC-Ⅱに用いられている CHC 理論の図／小野純平他編『日本版 KABC-Ⅱによる解釈の進め方と実践事例』p 10 より

　この図のように、知能というのは、３つの階層からなっています。ＩＱに相当する「一般知能 g」の中に、「広範的能力」というものがあり、それらには「結晶性能力」「流動性推理」「長期記憶と検索」「量的知識」「読み書き」などの能力があります。

　さらに、それぞれの「広範的能力」の下には、細かい能力「限定的能力」が想定されています。例えば、「読み書き」という広範的能力に含まれているのは、「読字」「読解」「書字」「文の書き」「統語活用」という限定的能力です。このように、WISC-ⅣやKABC-Ⅱといった知能検査は、このCHC理論という知能理論が背景にあるのです。

　なお、「広範的能力」は10種類あるので、一つの検査では調べることができません。そこで、KABC-ⅡとWISC-Ⅳを両方実施することで、多くの側面からその子どもの知能を測定することができます。これを専門用語では「クロス・バッテリー・アプローチ」と呼んでいます。

　KABC-Ⅱでは、先に説明したカウフマンモデルだけでなく、CHC理論に基づ

くモデルである「CHC モデル」でも結果が出てきます。この CHC モデルでは、一般知能 g に相当するのが「CHC 総合尺度」と呼ばれるもので、これが IQ に相当する値になります。その下に、「結晶性能力」「流動性推理」「長期記憶と検索」「短期記憶」「視覚処理」「量的知識」「読み書き」「処理速度」の広範的能力が数値で算出されます。

　例えば、就業体験に行くことに不安がある高校生について考えてみましょう。

CHC 総合尺度……105	長期記憶と検索……95	量的知識………90
結晶性能力…………85	短期記憶……………80	読み書き……100
流動性推理………120	視覚処理…………125	処理速度……110

のような結果が出たとします。

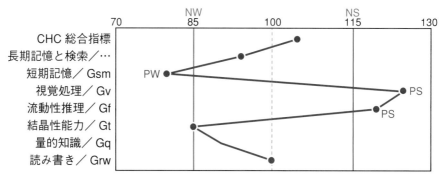

NS、NW は個人間差でそれぞれ強いところ、弱いところ
PS、PW は個人内差でそれぞれ強いところ、弱いところを表す。

　「長所活用型指導」の視点から、まず子どもの強い点、得意なところに注目します。この例だと、流動性推理と視覚処理が平均の 100 よりも高く、この生徒の中でも強い力ですから、何か新しい作業をするときには、視覚的な情報を提示するとスムーズにいきそうです。

　逆に短期記憶と量的知識（算数の計算や文章題）が弱いので、作業の内容を伝えるときに、ただ話して指示するだけでは記憶に定着しにくかったり、算数・数学的な内容が入ると混乱してしまう可能性もあります。このように CHC 理論をもとに支援方針をたてることもあります。

③ 田中ビネー知能検査Ⅴ

　児童相談所の発達相談や手帳の取得の目安として1990年代から広く使われている検査です。この知能検査でのIQの算出方法は、例えば「実際の年齢は10歳だけれど、検査で測ると9歳くらいだ」とします。するとIQの出し方は

$$\frac{検査で測った年齢（9歳）}{実際の年齢（10歳）} \times 100 = 90$$ 　となります。

　同様に実際の年齢が10歳で、検査で測ると11歳相当だとすると、IQは110と算出されます。

　この田中ビネー知能検査ⅤのIQの算出の方法は「比率IQ」という計算方式です。

　田中ビネー知能検査Ⅴが広く児童相談所の発達相談や手帳の取得の目安として使われている理由として、検査の内容が、カラフルなおもちゃのような課題が多く、子どもが楽しんで取り組めるという特徴もあります。

　また、田中ビネー知能検査Ⅴは発達相談や知的障害の判定の際には、例えば6歳の子どもに対して6歳相当の問題を出して、難しいようだったら5歳児用の問題を出すので、就学前の子どもの知的発達を見るのに適している検査といえます。

 検査は何のためにするの？

　「有名中学校に入りたいのに、IQ105なんてショック……」、逆に「うちの子どもは知的障害かもしれないと思っていたけれど、IQは85なんだ。だったら通常級に行ける？」など、保護者はIQという数値に心がふりまわされることがあります。これまで「信頼区間」や「個人内差」のことも説明してきましたが、実際にIQという数値が出てくると、ついそのことにとらわれてしまいます。

　しかし、もう一度考えてみましょう。IQという数値は、「信頼区間」のところでも説明しましたが、絶対のものではなく、そのときのコンディションにもよりますし、もともと幅のある数値です。

　また、IQは同じ年齢の子ども全体の中の現在の位置が示されているもので、それ以上のものでもそれ以下のものでもありません。練習で伸びたり、努力していないから下がるものでもありません。IQを上げるために類似した問題を練習

するというのは、その子の本来の知能を知ることができなくなり本末転倒です。

　IQというのは、ただの数値であって、健康診断の血圧と一緒です。150/95という数値が出たからといっても、あくまでもそのときの血圧です。血圧が高ければ、どうして高いのかを医療の専門職に相談しながら生活を整えていきます。IQも同じで、その数値自体が「良いとか悪い」ではありません。

　もう一度確認すると、知能検査というものは、今の子どもの状態を知り、サポート方法をみんなで考えるためのものなのです。

　ですから、IQの数値ではなく「個人間差」を踏まえた上で、「個人内差」つまり、子どもの中の得意なところと不得意なところに注目し、子どもが何でつまずいていたり、苦労しているのか、子どもがどうすれば進んで学習や行動に取り組めるのかを考えるために役立てていただきたいと思います。

　「検査した先生は、言語理解と処理速度が高いけど、知覚推理とワーキングメモリーは低めだから、新しい場面とか授業では聞いても覚えられずに苦労したり、予測して行動するのが苦手。……それなのに『きちんと覚えなさい』『考えて行動しなさい』と指導していたのは、彼にとっては酷だったのか。これからは、言語能力の高さを生かして、彼に言葉や文章にしてもらったりしてみよう」などと保護者や支援者が気づいて検査者のアドバイスから子どもを理解する手がかりになればと思います。

　これが子どもの長所を生かし、短所をフォローする支援です。あくまでもIQというのは、子どもの状態を知り、今後の生活に生かすための検査であることを確認しておきましょう。

 他の心理検査

　心理検査の数は数百種類もあるといわれていますが、大きくわけると①「発達・知能を測る検査（発達・知能検査）」②「脳の機能を測る検査（神経心理学

的検査)」③「心の状態を測る検査（狭い意味での心理検査）」の３つになります。

① 発達・知能を測る検査

　代表的なものは、この本で重点的に紹介しているウェクスラー式知能検査（WISC-Ⅳなど）やKABC-Ⅱ、田中ビネー知能検査Ⅴなどです。これらは、子どもの認知特性や発達の状況、現在の位置を見ることができます。学習障害（知的能力は通常域なのに算数や読み・書きなど特定の分野が著しく苦手な障害）の詳しい背景を発見して支援に役立てたり、他の検査や問診と併せて児童相談所や医療機関などで知的障害の判定に使用されたりします。

　他に知能検査には、16歳以上の人が対象のWAIS-Ⅳ、幼児用（２歳６ヵ月から７歳３ヵ月）のWPPSI-Ⅲというウェクスラー式の検査があります。これらは偏差IQを用いて算出する検査です。

　WAIS-ⅣやWPPSI-Ⅲは、複数の下位検査がありますが、年齢によって実施する下位検査が異なりますし、IQを算出するには、全部の下位検査を行う必要はありません。全検査IQの他に、言語理解や知覚推理などの指標得点を出して解釈を行うという基本的な実施方法は、WISC-Ⅳと変わりありません。年齢と目的によって、適した検査を使うことになります。

　発達検査は、西日本でよく使用されている「新版Ｋ式発達検査」や、「遠城寺式乳幼児発達検査」があります。これらの発達検査は、実際の年齢、例えば３歳でできること、できないことをチェックして、実際の年齢よりも発達が進んでいるまたは遅れているかを調べることができます。

　また、「グッドイナフ人物画知能検査」というのも、知能検査の一種です。子どもに人の絵を描いてもらうのですが、乳児から幼児期にかけての人間の絵というのは、単にマルに点々と顔だけ描いたものから次第に手が出てきたり、髪が生えてきたり、目がついたり、頭足人（胴体がないもの）になり、幼児になると、首や胴体、表情などが描かれていきます。このような人物画を描いてもらうことを通じて、その子どもの知能を測るものです。

　知能検査のところでも書きましたが、新版Ｋ式や遠城寺式、グッドイナフ人物画検査にしても、それぞれ発達や知能を測定はしますが「絶対のものではありません」。その時々のコンディションも影響しますし、個人差があるため発達が最初はゆっくりでも急に成長するときもあります。あくまでも検査をした時点での状態であり、支援につなげるツールであると思うことが大切です。

② 脳の機能を測る検査（神経心理学的検査）

　脳の機能を測るには、画像で診る方法と神経心理学検査という方法の2つがあります。画像で診る方法は、医療機関で脳波を測ったり、脳の画像を撮影したりします。CTスキャンやMRIなどの脳の状態を測定する機械で測ります。これによって、例えばてんかん*などが分かったり、脳梗塞などの異常も見つけることができたり、逆に脳画像では特に異常がないということが分かることも大切です。なお自閉スペクトラム症やADHDなどの発達障害は、脳波や脳画像だけで直接的に診断できるものではありません。

＊てんかん…脳の一部の神経細胞が一時的な異常を起こして、中には意識を失ったりする「発作」
　　　　　が起きたりすることがあります。

　ウェクスラー式知能検査も、知能・発達を見るだけでなく、何らかの課題を行い、その人の脳の働きの特徴を明らかにする一種の神経心理学的検査でもあります。

　他に、レイの複雑図形という検査があります。これは複雑な図形を一定の時間、検査を受ける人に見せて、あとで再現する検査です。視覚的な記憶力の他に、見落とし方や間違え方を診ることによって、その人がどのような認知特性を持っているのかを知り、支援方法を考えることができます。

　宮口幸治『ケーキの切れない非行少年たち』（新潮新書、2019）によると、少年院に入っている子どもにレイの複雑図形を行ったところ、一部しか模写できなかったり、ゆがんでいたりする事例が多く見られたそうです。

　他にも、認知症の傾向を調べる「長谷川スケール」や、記憶力を測定するWMS-Ⅲ（日本版ウェクスラー式記憶検査）、などさまざまな神経心理学的検査があります。

③ 心の状態を測る検査

■ 心の中はわかる？

　筆者は心理学を教えているので、一般の方から「私の心の中がわかるのですか」と言われたりしますが、そんなことはありません。心理検査をしたとしても、心の中はわかりません。ただ検査をすることがきっかけになり、そこから心の中（疑問に思っていること、考えていること）を話してもらうことがあります。

　例えば「バウムテスト」というテストがあります。これは、「心に思い描いた

一本の木を描く」という検査で、Ａ４サイズくらいの紙に心の中に思い描いた木を描いていきます。

▲バウムテストの例

　例えば、こんな木が描かれたらどうでしょうか。

　「葉が落ちているな……心の中はきっとさびしいに違いない」という解釈もできるでしょう。でも、それは当たっているかもしれないし、間違っているかもしれない。たまたま冬に見た木を写実的に描いたものかもしれません。

　ですから、心理検査者はすぐに解釈をせずに「この絵について説明してくれませんか？」と描いた人に質問をします。すると、描いた人が「実は最近、恋人にふられてさびしい思いをしていて、その感じを描きました」と話し始めるかもしれません。つまり心理検査には、絵を通じて会話をする、コミュニケーションを促すという機能があります。

　描かれた絵そのものから心の中を知ることはできませんが、絵を通じてその人の心の言葉を引き出すことはできるかもしれません。

「バウムテスト」も解説書にはいろいろな解釈の仕方が載っています。例えば絵の左側が過去を表す、右側は未来を表すとか、木の洞は外傷体験（虐待など心の傷となる体験）を表すなどと書いてある本もありますが、そのまま受けとめず、あくまでも、絵を通じて心の内を話す、伝えるという過程が大切です。

　絵を描くことを通じて、心の中の様子を話したり表現したりする検査としては「家族画」もよく使われます。これも家族の様子が分かるものというよりも、絵を描いた人が家族の様子を話すきっかけになると考えた方がよいのです。心理検査とは、検査者が子どもを知るためのコミュニケーション・ツールなのです。

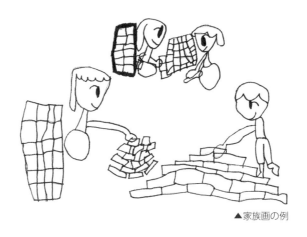

▲家族画の例

　他にも「心の状態を測る検査」にはたくさんの種類がありますが、大きく分けると、「質問紙法」と「投映法」があります。

●質問紙法

　たくさんの質問に対して「あてはまる」「ややあてはまる」「どちらともいえない」「ややあてはまらない」「あてはまらない」など５つの選択肢のどれかに丸をつけて、それを点数化する「質問紙法」があります。これにはうつ病の質問紙や、行動上の問題に関する質問紙など、多くの種類があります。

　例えば、うつ病の質問紙では、「夜はよく眠れる」という質問で、「あてはまる」と丸をつけると５点となったりします。多くの質問の合計得点で、うつ状態や心の状態を得点化して見えやすくします。これも、「絶対の数値」ではなく、あくまでも現在の状態を見えやすくして、診断やカウンセリングの手助けにするものです。

●投映法

　自由に文章や絵を書いたり、思ったことを話したりする方法です。「投映」とは、心の中に思っていることが、文章や会話に映されるという意味です。

　例えば、文章完成法（SCT）という検査は、ある言葉が印刷されていて、その後に心の中に思い浮かんだことを書いていくという検査です。前ページのバウムテストなどの描画法も投映法の一種です。

　例えば 「父は＿＿＿＿＿＿＿＿＿＿＿＿」という質問で、心に浮かんだことを書いていきます。

　ここで「父は、私のことを良く思っていなくてさびしかった」などと書いてあるとしたら、父に対するイメージが投映されていることになります。

　けれども、これらの投映法を使っても、検査者が心の中を何でも見通せるわけではありません。回答者が心の中に秘めていて書かないこともあります。ですので、やはり投映法も、あくまで検査者と回答者のコミュニケーションやカウンセリングを促進するツールです。

　「父親とはあなたにとって何ですか？」と直接聞かれるとなかなか答えにくいですが、紙に書くのであれば答えやすい面もありますし、それをきっかけに、父親について検査者や支援者と話すこともできます。そのことを機に、父親との関係を見つめ直すこともできるかもしれません。

　このように、質問紙法・投映法は、心理職が心の中を見抜くためのものではなく、回答者が心の中に思っていてもなかなか表に出せないものを、少しでも表せるように手助けをするという役割があります。

 ## 検査を受けたときの気持ちは？

　子どもが心理検査を受けるときは、不安と緊張でいっぱいでしょう。特に小さい子どもの場合は、親から離れて心理検査を受ける部屋で心理職と二人きりということも多いので、なおさらです。

　ですから検査者は、子どもの不安を和らげるために、最初は楽しいおしゃべりをしたり、最近の様子を聞いたりして関係作りをします。この信頼関係を「ラポール」といいます。温かいラポールができたら、いよいよ検査に入ります。このとき、子どもが「自分の能力を測られる」という過度に不安な気持ちにならないように、楽しく、遊びの延長になるように検査者は配慮して行っていきます。

　このような配慮ができる人が、望ましい検査者です。検査者が冷たい雰囲気であったり、検査室が暗い・冷たい雰囲気だったら、親は遠慮なく、その心配を主治医や、相談所の職員に伝えましょう。

　なぜなら、不安や緊張が高い場面で検査を受けても、信頼性の高い結果が出ないからです。みなさんが、病院でドキドキすると血圧が通常より上がってしまうのと同じです。

　特に心理検査の場合は、子どものパフォーマンスを最大限に発揮できるように配慮するのが検査者の大事な仕事です。それを配慮しない検査者に出会ったら、率直にその旨を伝えてよいかもしれません。

　子どもが検査を終えて「ゲームみたいで楽しかったよ」とか、思春期の年代の子どもが「難しかったけど、頑張ったから結果が楽しみ」などと言ってくれれば、ポジティブに検査を受けられたことになり、その後の支援も前向きに取り組むことができます。

　逆に「辛かった」「泣きたくなった」「眠かった」という感想のときは、検査者に検査時の様子をよく聞いてみてください。子ども側のコンディションが悪いときもあるかもしれませんが、検査者がきちんとラポールを作っていないときもありますので、親は子どもの代弁者（アドボケーター）として、検査のあとに、検査者と子どもの様子について、よく話合いましょう。

検査の前後、親はどんな気持ちになるの？

　検査の前は、保護者も子どもと同じように不安と緊張でいっぱいです。心理検査は優劣を測るものではなく、子どもの状態を把握するものだと前もって知ってはいても、いざとなると「うちの子、きちんと取り組めるだろうか」と不安になります。

　実際、筆者の子どもも検査を受けて、途中で嫌になって部屋から出てきたこともあったので、そのとき、親としては少しがっかりしました。後から考えてみれば、まだ幼児なのに多くの検査があって疲れたり飽きてしまって、子どもの立場からすれば当然なのですが、そのとき、筆者は「もうちょっと頑張ろう」とか「外で遊んでまたやろう」などと言ってみたこともあります。でも、結局、続きをやろうとはしませんでした。

　しかし、それでもよいのです。それが今の子どもの状態ですし、全部の検査が終了しなかったので、全体の数値は出ませんが、検査のときの様子や中身を知ることによって、子どもの認知特性や状態を知ることができます。それをきちんと話してくれるのは信頼できる検査者です。

　さて、検査が終わると、2〜3週間後には検査結果が伝えられるでしょう。そのときの親の気持ちも、さまざまです。

　例えば、知能検査を受けて、全検査IQが90（95％信頼区間85－95）、言語理解80、知覚推理105、ワーキングメモリー75、処理速度110という結果が出たとします。

　すると、親の気持ち・反応は2つに分かれるようです。1つ目は「え、90……うちの子は平均よりも下なんだ……ショック、これからどうしよう」というもの。つまり、不安・混乱などネガティブな感情です。2つ目は「え、90……うちの子は知的に遅れがあると思ってた。苦手なところもあるけれど、これから得意な部分を活かせばいいんだね」というものです。すなわち期待など、ポジティブな感情です。

以下に、筆者らのグループが、親は心理検査結果をどのように受けとめるかを「親の会」のみなさんに聞いてまとめた調査を紹介します。

　親がフィードバックを受けたときの感情には「納得・気づき」「喜び・安心」「期待」というポジティブな感情と、「混乱」「驚き・ショック」というネガティブな感情があるとされています（熊上ら、2019）。

　「納得・気づき」は、なんとなく気になっていた子どもの特性が検査によって明らかになったり、客観的に説明ができたことなどです。

　「喜び・安心」は、検査結果の説明を口頭だけでなく文書できちんと説明してくれたり、その内容が、子どもや親の苦労や大変さに寄り添ったものだと、ほろりと泣きたくなるような感情もあるといいます。

　一方で、「混乱」「驚き・ショック」というネガティブな感情を持つ親もいました。その内容は「検査結果だけをポンと渡されて、これからどうしたらいいか分からない」「結果を見てものすごく動揺した」などというものです。

　つまり、ネガティブな感情を持つときは、検査の結果自体よりも、検査者からの説明・フィードバックが十分でなかったり、親の心に寄り添っていないというコミュニケーションの問題が背景にあることが分かります。

　ですから、大事なのは、検査者（心理職など）や医師などとのコミュニケーションです。検査結果を知って動揺したり、ポジティブ・ネガティブな気持ちが混ざり合って心に現れるのは当然のことです。逆説的な言い方ですが、動揺しても慌てることはありません。これはふつうに起こることなのです。

　その動揺や不安が、検査者や医師とコミュニケーションを十分に取ることで軽減されます。反対に、コミュニケーションが不足だとますます混乱・ショックが増幅し、子どもの将来も心配になり、親も子どもも不安と孤立を深めてしまいます。

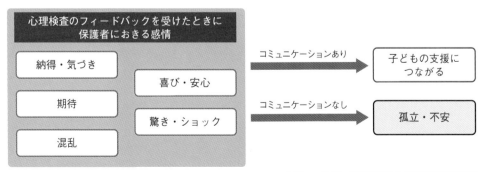

▲フィードバックを受けたときの保護者の感情

障害のある子どもを持つ親の感情

　障害のある子どもの親の気持ちの変遷についてドローターという研究者は、先天性の障害を持つ子どもが生まれた親の気持ちを５段階で表しています。

第１段階はショックの時期
第２段階は否認（こんなはずではないという気持ち）の時期
第３段階は悲しみと怒りの時期
第４段階は適応の時期
第５段階は再起の時期

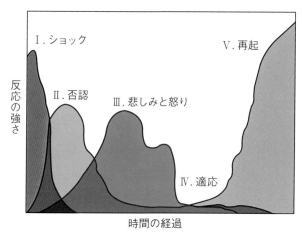

▲気持ちの変遷「ドローター（1975）　障害受容の段階的モデル」

　これはあくまでも理論的モデルで、すべての人にあてはまるわけではありません。が、ここでは、知能検査の結果を聞いたとき、親はすぐに受け入れられるわけではなく、ショックや否認、悲しみや怒りなどの感情が生じた後にようやく落ち着いて受け入れられるというプロセスがあるということが分かると思います。
　知能検査や心理検査についても、すぐに結果を受け入れられなくても当然のことです。その気持ちも大切にして、時間をかけながら進んでいくことが大切です。

 検査結果について、率直に質問しよう

　大阪LD親の会の会長で、全国LD親の会に所属している奥脇学さんが、

2019年の日本LD学会でのシンポジウムで、親の立場から心理検査を受ける動機について以下のように話してくれました。

「（自閉症などの）診断名がついて一般的な特性理解はすでにできるけれど、子どもの具体的な長所と短所が知りたい。そして日常場面において、どのように関わると効果があるかを知りたい。また学校の教員など外部の人に対してどう説明したらよいかを知りたい」

これは、子どもが心理検査を受けるときの親の気持ちを的確に表わしていると思います。また、保護者の立場から検査や支援に関わるにあたって次のように話しています。

① 「保護者は専門用語が分からない」ことを知って欲しい
② みんなと比べてどうかではなく、我が子への対応について知りたい
③ 特性の詳細説明よりは、日常や学校・学習場面での対応を知りたい
④ この子が生きていくために、親ができることを具体的に知りたい

本書を読んでいる保護者のみなさんも、同じように思っていることでしょう。でもいざ、医療機関や教育相談などで検査結果を伝えられても、不安や動揺で何も言えなくなってしまうときもあるかと思います。そこで前もって質問したい項目を書いておくとよいかもしれませんね。

質問リスト〔例〕
① 子どもに対して、家庭・学校でどのように対応したらいいですか？
② 子どものために保護者ができることは何ですか？
③ 具体的な特徴や支援の提案を書面でもらえませんか？　家族や学校の先生と共有したいのです

この3つの質問だけでも、検査者とコミュニケーションをとる手助けになると思います。

　大切なのは、検査結果について受け身になるのではなく、保護者も積極的に検査者に質問し、コミュニケーションをとることです。

 ## 検査結果をチームで共有しよう！

　検査結果の中には、保護者や教師にとって、解釈が難しい数値や用語があります。そのため筆者は、誰が読んでも分かりやすい検査結果の報告書を書くことを心がけています。

　検査結果が支援につながったときとは、どんなときでしょうか。筆者らの調査（2019）でも、検査結果がきれいに紙に印刷されて子どもの特性や支援方法が書いてあったり、苦手なところだけでなく得意なところが明らかになり、それを生かした指導案や支援策があると、「支援につながった」と感じられています。

　逆に「支援につながらない」と感じるときは、検査結果の説明が口頭のみの読み上げで十分ではなく、親が動揺してよく理解できなかったり、うまく共有できずに親同士の関係が悪くなったり、せっかく検査結果をもらって学校に伝えても、学校側の理解や協力が不十分だったりするときでした。

　検査を受けた後に混乱やショックなどネガティブな感情が起きるのは、検査者や支援者とのコミュニケーション不足も原因の一つです。これは親だけの責任ではありません。これを解消するためには、検査結果をもとにして、親・子ども・そして子どもに関わる支援者（学校や医療・福祉機関）のみんなで共有し、その子どもの特性を理解し、長所を活用し苦手なところに配慮した支援チームを作っていくことが大切です。

　学校心理学（石隈、1999）では「チーム支援（チーム援助）」という考え方が提唱されています。これは今、どこの学校でも意識されている考え方で、子どもの支援にあたっては、担任だけでなく、管理職、養護教諭、スクールカウンセラーやスクールソーシャルワーカー、さらには外部の医療や福祉・教育機関と連携して、チームを作ってサポートしようという考え方です。田村・石隈「子ども参加型チーム援助」（2017）では、この「チーム」は、教員や専門職だけでなく、親や子ども本人もその一員であるという考え方になっています。

子どもも親も、「チーム支援」のメンバー

　子どもも親も「チーム支援」のメンバーと聞くと、驚いて「えっ、支援するのは、学校の先生や専門の心理や教育の先生ですよね？」と思うかもしれません。でも、最近の学校心理学や社会福祉学では、当事者も含めたチーム支援体制を作ることが有効といわれています。

　なぜなら、当事者や保護者が加わることで、当事者のニーズに合った支援になり、当事者が決定に関わることで前向きに取り組むことができるようになるからです。

　そのうえで、発達面で心配のある子どもが心理検査をしたときに大切なのは、学校の担任の先生と「特別支援教育コーディネーター」の先生です。

　「特別支援教育コーディネーター」は発達面などで心配のある生徒をチームで支援するときのキーパーソンとなり、チーム支援会議をコーディネートしたりします。ですから親は、子どもの学校の特別支援教育コーディネーターの先生が誰であるかを知っておくとよいですね。

　検査結果が出たら、ぜひ担任、通級／支援教室の先生、管理職、養護教諭そして特別支援教育コーディネーターと検査結果を共有し、「チーム支援会議」（学校によっては校内委員会とも呼ばれます）を開いてもらうとよいでしょう。そこで、関係する人々と子どもの特性に合わせた支援策を話し合うと、親や子どもの不安も軽減され、将来への展望も見えてくるはずです。

 ## バリアを取り除こう！

　「みんなで支援」を実現するために基本となる考えは、子どもの特性を理解す

ること、そして「バリアを取り除くこと」です。次ページのイラストを見てみると、壁が高く、身長の高い子どもは野球のグラウンドが見られますが、身長の低い子どもは見られません。そのときに、身長に応じた踏み台を用意してあげればグラウンドが見られるかもしれませんが、それよりもフェンスを金網にしてあげれば、全員がもっと楽にグラウンドを見ることができますね。

　子どもだけに努力を強いるのではなく、親や支援者が工夫して環境を調整し、子どもがストレスなく学校生活や日常生活を送れるように援助していきましょう。

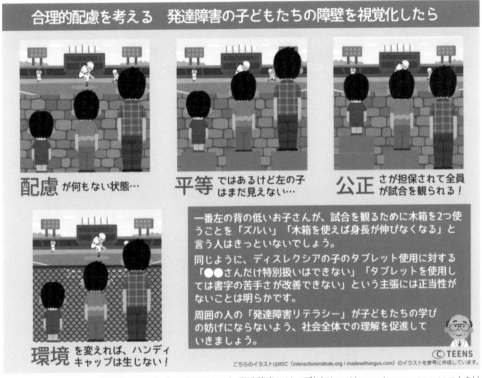

合理的配慮を考える　発達障害の子どもたちの障壁を視覚化したら

配慮 が何もない状態…

平等 ではあるけど左の子はまだ見えない…

公正 さが担保されて全員が試合を観られる！

環境 を変えれば、ハンディキャップは生じない！

一番左の背の低いお子さんが、試合を観るために木箱を2つ使うことを「ズルい」「木箱を使えば身長が伸びなくなる」と言う人はきっといないでしょう。
同じように、ディスレクシアの子のタブレット使用に対する「●●さんだけ特別扱いはできない」「タブレットを使用しては書字の苦手さが改善できない」という主張には正当性がないことは明らかです。
周囲の人の「発達障害リテラシー」が子どもたちの学びの妨げにならないよう、社会全体での理解を促進していきましょう。

Ⓒ TEENS

こちらのイラストは IISC（interactioninstitute.org / madewithangus.com）のイラストを参考に作成しています。

▲出典：TEENS「〔図表でわかる〕発達障害シリーズ」https://www.teensmoon.com/ より

 子どもは社会みんなで育て、支えよう！

　この本は心理検査の結果をどのように理解するかがテーマですが、もっと大きなテーマは、困難な状況にある子ども・家族を、心理検査を通じて、みんなでチームで支えようということです。心理検査の活用にあたっては、ノウハウだけで

なく、その背景にある哲学も必要です。

　アフリカのことわざに、「子ども1人を育てるには100人の村が必要」と言われているそうです。親や家族だけでは足りません。子どもに食べものを用意したり、衣服やおもちゃなどの物質的なものだけでなく、声かけをしたり、励ましてくれたり、そばにいてくれて気持ちの面で支えてくれる人も必要です。また、育児方法を教えてくれたり、大変なときに助けてくれたり、情報を教えてくれる人がいるのは心強いことです。

　心理学では、ものや情報などで支援することを「道具的サポート」、気持ちの面で励ましたり、寄り添ったりする支援を「情緒的サポート」と呼んでいますが、どちらも大切で、一方が欠けていると保護者は大変になります。

　私達の社会や子どもの学校生活においても、親だけで支援を完結することはできません。学校関係者といっても、担任の先生だけでなく、校長など管理職の先生、養護教諭、通級の先生、支援員、特別支援教育コーディネーター、スクールカウンセラー、スクールソーシャルワーカーなどがいます。また、親同士のつながりも道具的（情報的）・情緒的サポートの両方の観点から重要です。

　さらに、地域の専門機関（病院、福祉機関、教育機関、行政など）も一緒に子どもを支えていますし、近所のおじさん・おばさん、お兄さん、お姉さんも、声かけをしてくれたり励ましてくれたりと、情緒的サポートの観点からも大切です。

　ただし、「今は辛いから、そっとしておいてほしい」と思うときもあるかもしれません。障害を受容する気持ちのプロセス（35ページ参照）がありますから、ショックや否認・悲しみの時期であれば、それも当然の気持ちです。

　そんなときは無理せず、その気持ちを支援チームの誰かに相談してみてください。きっとあなたの気持ちを尊重してくれると思います。そんなあなたのこともサポートしてくれるのがチーム支援なのです。

　『学校心理学』で石隈（1999）は「みんなが資源、みんなで支援」と述べていますが、困難な状況にある子どもと向き合うのは親だけでは苦しいものです。みんなで共有して支援したいものです。

　ですから、心理検査の結果も、みんなでシェアしてこそ、有効に活用されるものです。報告書はケースの中にずっとしまっておくのではなく、個別指導計画に役立てたり、みんなで共有し、チーム支援につなげていくためのツールと考えましょう。

　それでは次章から、実際の検査結果の紙面や見方、そして支援のポイントを解説していきます。ぜひ、検査結果を保護者や子ども本人、学校や地域の支援者と共有して、子どもをみんなで支えるきっかけにしていきましょう。

COLUMN

家族間の温度差は心配？

　結論からいえば、家族間の温度差はあって当然です。食の好みは合うけれど音楽の好みは違うとか、スポーツ観戦では意気投合するけれど週末は別々に過ごしたいとかスタイルも多様でよいと思います。

　ではなぜ、本書で「温度差」を取り上げるかというと、検査結果は、夫婦の子育て観を大きくゆさぶる影響力があるからです。

　温度差があるときに話し合うことには、よい面もよくない面もあります。

〈ポジティブな影響〉
・子どもの言語理解力や発達特性について理解し合うことができる
・今後必要となる支援について計画し、励まし合える
・支援にかかる費用や時間、進路などを相談できる　など

〈ネガティブな影響〉
・子どもの将来を悲観する親と楽観する親とでいさかいになる可能性がある
・いつか成長すれば問題は解消すると楽観する親が、検査結果を否定する
・自分の子育ての責任を感じて悲観する親が、悩みを抱えてしまう　など

　当初はネガティブな影響力が強く出ていた親も、時間の経過や仲間・支援者との出会いによって変化していくケースが多いです。また、ネガティブな影響も、親それぞれが子どもの将来を思ってのことでしょうし、気持ちの動揺は必ずしも悪いことではありません。ただし、親のいさかいは子どもにも影響するため、できれば避けたいものですね。

　ネガティブな影響が強くなりやすいのは、母親または父親のみで検査結果を聞いたというケースです。例えば、母親が一人で検査結果を聞いて療育（または特別支援学級・特別支援学校など）に通わせようと思っても、その後に父親に話したら「そんなの行く必要がない」と言われて関心を持ってもらえなったというケースは珍しくありません。

　検査結果のフィードバックや主治医の診断の場に同席していない親は、当事者意識を持ちにくいのかもしれません。また、家族からの伝聞だと趣旨や展開が見えにくいことも納得感につながりにくいでしょう。

　そこで、子どもが心理検査を受ける場合、親同士で以下のポイントを考えてみてください。

> **ポイント**
> ●検査結果のフィードバックや主治医の診断は、できる限り同席して聞く
> ●明確に情報共有するため、検査機関には面接だけではなく報告書作成を依頼する
> ●検査に関する不安やいらだちなど、ネガティブな影響もあえて家族で話し合う

偏差値と IQ は違うの？

　少し前に話題になった小説・映画「ビリギャル」。偏差値 30 の高校生が塾の先生のもとで一生懸命勉強して、偏差値が 60、70 と高くなり、ついには有名大学に合格した話です。偏差値と IQ は同じなのでしょうか？　違うのでしょうか？　答えは「統計的にはほぼ同じだけれど、世間で使われている意味ではちょっと違う」です。

　偏差値というのは統計の用語です。もともとは勉強ができるとかできないという言葉ではありません。

　12 ページの「標準得点」の図をもう一度、見てください。通常使っている「標準得点」という図では、平均が 100 とすると、山の右方向に 110、120 となり 130 以上は全体の 2.2％、左方向に行くと、90、80、となり 70 以下は全体の 2.2％になります。

　IQ の場合は、知能検査で、全国で数千人のデータをとり、同じ年齢層の人が同じ問題に取り組んで、どの位置にいるのかを、正規分布の表にあてはめてみます。知能検査を受けて、その人が 100 人中、上位から 13 番目だと、120 という数値になります。下位から 20 番目だと、88 という数値になります。

　偏差値というのは、同じ「正規分布」の図を使うのですが、「標準得点」と中身はほぼ同じで、出てくる数値だけが違うのです。

　「標準得点」は平均が 100 で、上位の方向に 110、120、130 となりますが、「偏差値」は平均を 50 として、上位の方向に 60、70、下位の方向に 40、30 となっていきます。

　ですから、偏差値 30 というのは、標準得点と同様に全体のうち下位の 2.2％、偏差値 70 というのは全体のうち上位の 2.2％となります。ですから「みんながみんな偏差値 70 にはならない」のです。あくまでも理論上は全体の 2.2％です。

　みんながものすごく頑張っても、偏差値 70 になるのは全体の 2.2％ですし、どうしても 30 や 40 という数値になる人もいるのです。全体としての位置を示したものであって、これが学力やその人の知能そのものを示しているわけでも、ましてや人間の価値を決めるものでもありません。

　ということで、偏差値というのは単に正規分布を説明する統計学の用語なのですが、あまりに「受験」と関連づけられているので、偏差値が「学力」「知能」を示すと間違えられているのが現状です。

　例えば「数学」の問題 50 問を数百人が受験すると、平均点を中心に左右に正規分布ができます。その参加者の中でどの位置にいるのかというのは偏差値や標準得点の意味であり、それ以上のものではないことを知ってほしいと思います。

　なお、この例えでいえば、あまりに問題が簡単すぎると、高得点者ばかりになりますし、問題が難しすぎると低得点者ばかりになり、正規分布になりません。このときは偏差値や標準得点という用語は使えません。

　偏差値 30 から 70 になったビリギャルは、受験科目の得点が、当初は下位 2.2％だったのですが、勉強の結果上位 2.2％になったのです。しかし、上位 2.2％になれたということは、もともとの知能は高かった可能性があります。

　ビリギャルの知能（IQ）はわかりませんが、もともと知能が高かったものの、勉強をしていないため、学力を測る検査で低い偏差値だったのが、勉強により本来の力を発揮できるようになったということが考えられます。

Part

2

検査報告書の
読み取り方と
活用例

これから実際の検査結果の紙面や見方、そして支援のポイントを
解説していきます。ぜひ、検査結果を親や子ども本人、学校や地域
の支援者と共有して、子どもをみんなで支えるきっかけにしていき
ましょう。

あなたがこのような報告書を受け取ったら、子どものためにどん
なふうに生かしたらよいでしょうか。心理検査の種類別に、一般的
な検査報告書を取りあげながら、読み取り方を解説します。

1　田中ビネー知能検査Vの場合

 幼稚園年中組4歳の男児Aくん。制作やグループ活動だけでなく毎日の登園時の日課になっていることも、他の子より遅れてしまうという相談から、検査を受けました。

○○様　　　　　　　　　　　　　　　　　　検査実施年月日○年○月○日

検査報告書

検査実施機関名　○○○○

❶ 実施検査名

田中ビネー知能検査V

❷ 検査の目的

認知特性の把握のため

❸ 検査中の子どもの様子

来所時はやや緊張した様子でしたが、お母さんと離れて部屋に入ることができ、好きな電車のことを聞くと笑顔になり、問題が思うようにできたときには、とても嬉しそうに検査者を見ていました。

検査は60分間で行いました。途中から着席の姿勢が崩れ、やや身体が動きやすくなってきたため、何度か身体をほぐすなどの気分転換を図りました。一度回答した後に指示したこととは違う自分のやりたい方法を試したり、回答内容から思い出した自分の体験話をしたりすることがありましたが、制止には応じられました。

鉛筆やクレヨンは握り持ちで、紙が動かないように押さえることが難しく、また手指に力が入っていて見本と同じように描くことができませんでした。

そのことが自分でも分かっている様子で、「ちょっと上手くないな」と小さな声でつぶやいていました。

見本と同じように手作業をする問題でも、最初は道具を床に落としたり、見本よりも少しずれたりしていましたが、作業を進めていくにつれて慣れていく様子が見られました。

今日の
予定は〜

解釈のポイント

相談内容が具体的に書かれている場合と、このように一般的に書かれている
場合があります。相談内容の背景を解釈したり、これからの生活をよりよく
していく手立てを考えるために得意・不得意を見つけます。
お子さんが検査を受けることにしたきっかけを思い出してみましょう。

頑張って楽しく取り組んだことをほめてください。

60分間という普段あまり経験のない一定の時間座って頑張っていたことを
認めてあげてください。長い時間座っていられる身体作りは、これから対応
を考えていきましょう。

マイペースな面もありそうですが、検査者の言葉かけがあれば、活動に戻れ
たようです。検査結果に影響があったというほどではなさそうです。切り替
えのタイミングや言葉かけなどの工夫は生活の中で必要かもしれません。

最初は上手くいかないこともすぐにはあきらめずにやろうとするところもA
君の強みです。無理なくやりとげる経験を増やせるとよいでしょう。

❹ 検査結果（生活年齢：4歳7ヶ月）

精神年齢	4歳7ヶ月
知能指数	100
基底年齢	3歳

❺ 総合所見

知的レベルは同年代の平均の範囲にありました。けれどもAくんには得意・不得意があり、それらに応じた支援が必要です。Aくんは、日常生活の中での経験をもとに数や言葉などを覚える力があり、年齢相応の知識を習得していて、会話の中でもそれらを生かすことができているようです。

今回の検査中に見られたややマイペースな面は、周囲を見て行動する力が弱いことも一因ではないかと思われます。電車や昆虫など好きなことがある良い面を生かしつつ、集団の中での円滑な生活を行うためにも指示や説明は注意を十分促してから行い、目で見て分かるような手がかりが有効かもしれません。さらに、手先の不器用さから自信をなくさないように作業中、Aくんがやりにくそうにしているときには少し手伝ってあげるなどの配慮は必要だと考えます。

検査当日のコンディションなどにより、検査は±数点の誤差があるといわれています。（パート1 13ページ参照）
「生活年齢」（実際の年齢）と検査結果の「精神年齢」が同じなので、知能指数は100（平均）です。（25ページ参照）

毎日の生活を通して言葉や数の基礎的な力を身につけることができるＡ君なので、絵本の読み聞かせや食事中の家族のお喋り、遊び、お手伝いなどを通して楽しく経験を広げられるよう応援してください。

日課や作業をするときなどに見通しを持てるような、イラスト入りのシンプルな表示などが効果的かもしれません。周囲からの遅れを注意するよりも、するべきことをしようとしたときにすぐにほめる方が意欲を引き出せます。上手くできないときには部分的にそっと手伝い、スピードアップを図ったり完成度を上げたりする。

苦手な気持ちがあってもあきらめない良さと、実際の経験を重ねることで上達できる強みがあります。興味を生かした楽しめる手作業や目先を変えたやり方、少しの手助けが継続のコツです。
手先や全身を使うお手伝いもおすすめです。お手伝いを通じて家族から感謝された、ほめられたと思える体験がＡ君の自尊心を育てます。

2 WISC-Ⅳの場合

 小学校2年生の女児Bさん。落ち着きがなく授業中のおしゃべりが多い。注意されても同じ失敗をしてしまうという保護者・担任からの相談により、検査を受けました。

○○様　　　　　　　　　　　　　　　　　　　検査実施年月日○年○月○日

検査報告書

検査実施機関名　○○○○
検査者名　○○○○

❶ 実施検査名

WISC-Ⅳ知能検査

❷ 検査の目的

認知特性の把握のため

❸ 検査中の子どもの様子

笑顔で入室し、特に緊張した様子はありませんでした。

自己紹介と説明後、検査には最後まで意欲的に集中して取り組んでいました。

検査中は、思わず用具を触ろうとすることがありましたが、検査者の「手は膝に」という指示にはすぐに応じることができ、その後つい手を伸ばしそうになったときに自発的に抑えることもできました。しばしば質問された内容以外にも知っていることや思ったことなどをつけ加えて話していました。

書きの問題のときには、「これちょっと苦手だなぁ……」という発言があり、自信がない様子でした。

❹ 検査結果（8歳2ヶ月）

	標準得点	90%信頼区間	
FSIQ	99	94–104	平均
VCI	107	99–113	平均–平均の上
PRI	98	91–105	平均
WMI	109	101–115	平均–平均の上
PSI	87	76–91	低い–平均

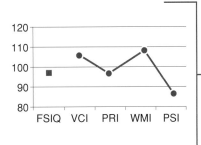

子どもがこれからチャレンジすることや日常生活をより良く過ごす方法に生かす得意・不得意を見つけるためです。
一文など簡単に書かれていることが多いのですが、今回の検査を受けることにしたきっかけを思い出してみましょう。

狭く刺激の少ない検査室と広く人の多い教室とのＢさんの集中度の違いが分かります。

場所が違っても身体の動きやすさはあるようです。

検査当日のコンディションなどにより、どのような検査結果も±数点の誤差はあります。「90％信頼区間」などとして「仮にこの結果を 100 回受けたとして、その内の 90 回はこの範囲に入ります」という意味で 99（94 － 104）のように幅で表しています。

全検査知能は平均の範囲にありますが、一番高いワーキングメモリーの 109 と低い処理速度 87 の差が 22 あるため、強さを生かしながら、弱さには配慮できるようにしましょう。

書字や作文、作業場面など日常生活の中で、思うように表現したり作業したりできずにもどかしく感じたり、苛立ったりすることがあるようなら、そのことで自信をなくさないように、さりげなく少し手助けしたり努力をほめたりしてみましょう。

今回の相談内容には、学習面のつまずきや書きの困り感はありませんでしたが、宿題をしているときなど家庭で気づいたことがあれば、報告面談のときに相談してみましょう。

5 総合所見

1 全般的な知的水準
B さんの全般的な知的水準（同年代との比較）は「平均」の範囲にあります。 けれども、WISC- IVで評価する 4 つの力（指標）の中で、強さと弱さがありましたので、 日常生活や学習の中で得意・不得意があると考えられます。

2 特徴（指標得点の特徴）
①刺激の少ない環境で、B さんなりの分かりやすい目的があると、集中力を発揮します。 ②身近に接する機会が多い具体的な物について、短い言葉で正確に説明する力があります。 ③ややマイペースなところがあり、相手に適切に伝わるようなタイミングや表現を考えて 　から行うことがまだ難しいと考えられます。 ④見ただけで考えるよりも、手元の見本を見て作業しながら考える方が意欲や注意を持続 　しやすい傾向がありました。

3 支援に関するご提案
①宿題など家庭学習のときには、テレビ、ゲーム、好きな本などを一時的に目に触れない 　ようにして集中できるよう、環境を調整することをお勧めしますが、B さんが納得する 　方法を一緒に考えて工夫をさせてみるのもよいかと思います。 ②新しい学習時や大事なことを伝えるときに、注意がそれていないかを確かめてから伝え 　て、最後まで聞いているかを確かめるための工夫をすると良いでしょう。 　例）大事なことを最初に伝え、さらに最後にもう一度伝える、途中で時折確認する、大 　事な部分を強調して伝える、復唱させる、やって見せる、視覚的なもの（見本、メモ等） 　を忘れそうになったときに再度見るよう促す等 ③しっかり見てから考えたり、聞いたことをもとにじっくりと考えたりする力は、まだ十 　分ではありませんので、作業の速さよりも、途中確認と見直しの習慣づけが大事だと思 　われます。 　例）作業時の大事なポイントを意識できるようにするために、見本を手元に置いて、見 　るべきところをマーキングしたり囲んだりして具体的に示し、言葉で補う等 ④言葉を聞いて考えたり、覚えたりする力を生かして相手に適切に伝えられるようにしま 　しょう。 　例）話してよい時間（「それを話すのは今かな？」「それを話すのはいつかな？」「今は 　何をするのかな？」など）、内容（「今考える内容や話す内容は何かな？」）を教えてあ 　げる等 　例）相手意識をさらに育て、「伝えよう」、「伝えて良かった。楽しかった」「伝えたこと 　によって、困ったことが解決した」等の経験を増やせるように、時間の余裕があるとき 　に楽しい会話の時間を作り、伝えたことが良い結果につながるように手助けしたりする 　等 ⑤書くことに対しては苦手意識を持っているようですが、時間に余裕を持つことができれ 　ば間違わずにできそうです。 　例）一度にたくさんではなく B さんが「このくらいなら頑張れそうだ」と自分で思える 　くらいの分量を相談して決める。新しい漢字の練習をするときには一度にたくさん書い 　て覚えようとするよりも、漢字書き歌を歌いながら特徴を意識して書く等 ⑥ B さんは、他者からの説明や指示よりも自分が良いと思ったやりやすい方法を優先して 　遂行することが推測されます。けれども集団の中では一定のルールを守ることが必要な 　ため対策があるとよいでしょう。 　例）そのようなときには合理性や他者への影響等を分かりやすく伝えて B さんが納得で 　きるようにする。機会があれば B さんなりの理由や意味を聞いたり尊重したりすること 　で自己肯定感を育てることができる。

Bさんの明るく人懐こい人柄を生かし、「得意」や「好き」を増やすことができるよう、支援していきましょう。

ご質問がありましたら、遠慮なくお申し出ください。　　よろしくお願いいたします。

心理士△△

Bさんの 「WISC-Ⅳ検査結果報告書読み取り　5つの主なポイント」

①見るだけでは集中できないが、手を動かす作業を加えると、集中して考えていくことができる！
②環境調整：刺激を少なくするには、部屋や教室のものの整理と掲示物をシンプルに！
③効果的な伝え方：注意を向けて確認・復唱・マーキング
④グッドタイミングに気づくように：「それ今かな？」をキャッチフレーズに！
⑤漢字書き歌：歌いながら書くなど作業を入れると覚えやすい

3 KABC-Ⅱの場合

 幼稚園の年長組5歳の男児Cくん。半年前に病院で田中ビネー知能検査
Ⅴを受けたものの、特に何も支援を受けなかった。最近、よく友達に手
が出るため就学後が心配という保護者による相談から検査を受けました。

KABC-Ⅱ検査報告書 　作成日： 　年 　月 　日

1 氏　　　名：Cくん　　　　　　⊕·女 生 年 月 日：○○年○○月○○日　（5歳2ヶ月） 学校・学年：Z幼稚園　年長クラス	検査年月日：○年 ○月 ○日 検 査 者：○○○○

2 相談内容（主訴）
　　保護者：集団活動が苦手。気持ちの切り替えに時間がかかる。お友達に手を出すことが増
　　えている。

3 検査結果
　1）全般的な知的水準（認知総合尺度）および習得度の水準（習得総合尺度）
　　　認知総合尺度は 75（90％信頼区間 69–83）で非常に低いから平均の下、習得総合尺度は
　　　101（90％信頼区間 94–107）で平均の範囲である。前者よりも後者が有意に高く、知的
　　　能力以上に、生活に関する言葉や数に関する知識を獲得している。

　2）認知面および習得面の特徴
　　 ⅰ　認知面：　学習尺度と同時尺度が、継次尺度よりも高い。継次尺度は、同年代の平均
　　　　　　　　　と比べても非常に低い。
　　 ⅱ　習得面：　語彙尺度（ボキャブラリーの数など）・算数尺度は、ともに同年代の平均レ
　　　　　　　　　ベルにある。
　　 ⅲ　CHC モデルでみると総合尺度は平均の下の範囲である。それぞれの尺度をみると個人
　　　　　　　　　内の差が大きい。
　　　　　　　　　視覚処理が低く、短期記憶は非常に低いが、結晶性能力は同年代の平均である。

[カウフマンモデル]

認知検査	標準得点	信頼区間 (90%)	習得検査	標準得点	信頼区間 (90%)
【認知総合尺度】	75	69–83	【習得総合尺度】	101	94–107
継次尺度	65	60–73	語彙尺度	106	97–114
同時尺度	84	75–96	読み尺度	—	
			書き尺度	—	
学習尺度	94	85–104	算数尺度	94	83–107

[CHC モデル]

	標準得点	信頼区間 (90%)
【CHC総合尺度】	80	75–88
長期記憶と 検索尺度	94	85–104
短期記憶尺度	65	60–73
視覚処理尺度	73	65–87
流動性推理尺度	—	
結晶性能力尺度	106	97–114
量的知識尺度	89	79–102
読み書き尺度		

3）検査時の様子

検査室内のものに近づいて触れたい衝動や、苦手な課題は回避したい気持ちからか離席が見られたが、検査者が声をかけて励ますと、その都度着席できた。また、検査者が伝えた課題をつぶやくように復唱していた。手を動かす課題には、試行錯誤しながら非常に集中して取り組めた。

4　備考（その他の検査結果等）

なし

5　総合所見

Cさんは、全体的な知的水準は同年代の平均と比べると低いものの、言葉や数に関する知識は年齢相応に習得している。これは、生活経験から学習し記憶する力を発揮してきたためと思われる。一方、継次処理能力と短期記憶・視覚処理が低いため、言語指示に応じて行動したり、動作をその場で模倣したりすることは苦手である。このため、集団生活で苦手な課題が連続すると、感情や行動が抑制しにくくなる可能性がある。このような状況のCさんは、気持ちの切り替えや他児との関わりを促されても、かえってストレスを強く感じることになる。

6　支援方針および内容

Cさんに物事を教える際には、手順通り正確に行うことを求めずに、体験から学んでいく過程を応援するとよい。

Cさんが比較的得意な「同時処理」の方法で伝え、さらに、ものや道具に実際に触れたり、イメージに近い実物や写真を見せたり、声に出したりといった五感を組み合わせる経験をさせると、記憶の定着が図れる。Cさんが理解しやすい方法で支援すれば、生活上のトラブルも起きにくくなると思われる。

幼児期は発達が著しいため、今回の検査結果の数値は慎重に扱う必要があるが、就学後は学業面でつまずくことも考えられる。Cさんの長所を生かす支援を、就学前から積み重ねるとよい。

● カウフマンモデルって？

カウフマンモデルとは認知と習得の尺度（ものさし）をさらに8つの尺度に分けて知能を特徴別に分析したものです。

「認知」は「知能」、「習得」は「知識・学力」と言い換えると分かりやすいでしょう（パート1　19〜24ページを参照）。

このように分けて比べることで、生まれ持った知能を、どのように知識・学力に結びつけられているか把握できます。「検査結果」には、主にカウフマンモデ

ルで書かれています。

　Ｃさんは、認知は低いですが、習得は平均的な数値でした。つまり、生活経験から習得した知識が年齢相応にあるために、新しいことを覚えたり見たり聞いたりしたことを一時的に記憶する力や、見たものを再現する力が弱いことに気づかれにくく、支援の必要性が見逃されてきた子どもといえます。

　半年前に、田中ビネー知能検査Ⅴを受けても支援につながらなかったのは、こうしたＣさんの中でのアンバランスが周りからわかりにくかったためだと思われます。

● CHC モデルって？

　カウフマンモデルでは「認知」と「習得」に分けていましたが、CHC では一般、広範的、限定能力によって測定しています。

　「知識・学力も含めて知能と考える」という知能理論に基づく考え方が CHC モデルです（24 ページ参照）。

　Ｃさんは「習得」が平均のレベルにあるので、「認知」と「習得」をまとめて分析すると全般的な知的水準は少し高くなります。

●「認知総合尺度 75（90％信頼区間 69 − 83）」

　認知総合尺度は、新しい知識や技能を獲得していくときに必要となる基礎的な力を測ったものです。この尺度（ものさし）でＣさんの検査結果をみると、75という数値になりました。

　標準得点とは平均を 100 とした場合の数字なので、Ｃさんの認知能力は平均よりも「低い」レベルといえます。ただし「90％信頼区間 69 − 83」と書いてあるので、同じ検査を 100 回行った場合に、90 回は 69 から 83 の範囲に入るという結果です。83 であれば「平均の下」の範囲に入りますし、69 だとすると「かなり低い」という分類になります。

　このように、標準得点は、幅のある数字と思って見る必要があります（パート1 を参照）。

●継次尺度は全国平均と比べても非常に低い？

　認知総合尺度の下には、「継次尺度　65」「同時尺度　84」「学習尺度　94」とあります。認知総合尺度の中にある３つの尺度（ものさし）です。

　例えば総合尺度がメートル単位のものさしだとすると、これらの3つの尺度はセンチメートル単位で測るものさしです。

　Cさんは、継次尺度65（90%信頼区間60 − 73）なので、平均を100とすると同年齢児と比べてかなり低い結果です。情報を一つひとつ順番に処理していくことがとても苦手といえます。

●結果の数値に空欄があるのはなぜ？

　日本版KABC-Ⅱは多くの小さな検査の組み合わせですが、年齢ごとに行う検査数が違います。Cさんは5歳なので、必要ないくつかの検査を行いました。

●検査時の様子

　検査者は、子どもが検査に取り組む姿や言動を観察することで、子どもの課題だけでなく良いところも見ています。数値には表れない姿も子どもを理解する上でとても重要です。検査結果の数値を理解するときにも参考にします。

　Cさんの場合は、検査中に難しい課題が続くと離席して、検査室内のものに触れようとしたりしましたが、検査者が次の課題を見せるなどした時に興味がうつれば比較的すみやかに切り替えられていたようです。このため、Cさんが気持ちの切り替えに時間がかかるのは、集中が途切れたときである可能性があります。

●短期記憶

　短期記憶は、短時間の記憶に関する力です（10秒間くらい）。

　Cさんは、見たことも聞いたことも、短時間記憶しておくという力が非常に弱い状況です。

　幼稚園で友達と遊んでいるときにも、さっき言われたことをすぐに忘れてしまったりしてトラブルにつながっていました。就学後の生活を考えると、先生からの口頭指示を忘れてしまうと何をしたらよいのかわからなくなるため、記憶のサ

ポートや、忘れても思い出すための手がかりが必要になると思われます。

● 視覚処理

　視覚処理は、目で見た情報を正しくとらえ、頭の中で変換したり推理したりする力です。Ｃさんは、幼稚園での体操や運動遊びに参加しないので、集団活動が苦手だと思われていたのですが、先生の見本をじっくり見ていても、その通りに体を動かせないため参加をあきらめ、辛い思いをしていたようです。

● 「同時処理」の方法

　継次処理と同時処理は、対照的な能力です。私達はみんな、どちらの能力も使いながら情報を処理していますが、どちらかの能力に偏っている人もいます。効率よく情報を処理するためには、強い能力を生かす支援をおすすめします。

　Ｃさんは継次処理と比べて同時処理が強いことがわかったので、同時処理を生かした支援を提案しています。

　就学前児なので、遊びや生活の中でできる支援を考えてみましょう。

　例えば、おもちゃの片づけを促すときに、大人はつい「おもちゃを箱にしまって、次は箱にふたをして、棚に入れて……」と、手順を細かに伝えてしまいがちです。

　Ｃさんの場合は、同時処理が強いので「この棚には、おもちゃ箱がこんなふうに３つずつ並んでいたよ。どうすればきれいに並べられるかな？」などと見本を見せてゴール設定を伝えてから始めると、スムーズに片付けられるかもしれません。また幼稚園でも先生と相談しながら、Ｃさんにわかりやすい伝え方を考えてもらいましょう。朝の支度を例にあげながら、継次処理、同時処理の伝え方を次のページに紹介します。

「継次処理」が強い子どもには

耳で聞きながら、一つひとつ順序だてて行動できるように伝えます。

● 手順を言葉にしてメロディをつけ、次に
　何を整理するか思い出しやすくする。

　● 「♪おたより帳にはんこをポン！」

　● 「♪コップとタオルをよいしょよいしょ！」

　● 「♪ぼうしはここでひと休み！」

　● 「♪カバンのおうちに行ってきまーす！」

　● 「♪スモック着たら遊びましょ！」

● 終わったイラスト一つひとつを裏返す。

「同時処理」が強い子どもには

目で見ながら、全体像をとらえて行動できるように伝えます。

●写真・イラストの場合（年中・年長）

・何をしたらよいかがひと目で分かるように、
　整理したものの写真やイラストをかごの中に
　入れる。

・すべてなくなったら終わりだよ、と伝える

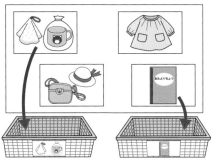

▲出典：藤田ら（2015）長所活用型指導で子どもが変わる

アセスメントする側の難しさ

　正しく検査をして解釈するということは専門家にとっても、とても難しいものです。

　現在、心理検査を行っている検査者は何らかの心理職資格（公認心理師、臨床心理士、臨床発達心理士、学校心理士、ガイダンスカウンセラーなど）を持っていて、教育センター、療育センター、医療機関などで仕事をしている場合が多いです。

　子どもが検査を受ける場合に、目的は個々に違うかもしれませんがそのような専門機関に行くことが多いと思います。また、特別に研修を受けた学校の先生が、特別支援教育の中で指導・支援に生かすために検査を行う場合もあります。

　検査の制作委員の先生方は「子どもの力を最大限に発揮できるような配慮のもとに、マニュアルに忠実に実施すること。決して検査者の独断でマニュアルから逸脱した手続きをとってはいけない。例えば、正誤を子どもから尋ねられたときに教えてあげたらもっと意欲的になれるだろうと思っても、例題や特別にやり方や答えを教えてもいい問題以外では教えてはいけない。また、見通しを持てないと不安になりやすい子どもには『今日は○個のクイズをします。あと○個だね。頑張ろうね』などと検査の数を教えてあげたくなるのですが、不安傾向になることも含めてアセスメントの一環なので、そのような情報を事前に与えてはいけないことなど、さまざまなルールを守る必要がある」と言っています。

　検査が終わると、保護者は我が子に「どんなことをやったの？」「なんて聞かれた？」と聞いてみたくなるかもしれません。実際にそのような質問を子どもにした保護者の中には、「日常は分かっていると思っていたことや、聞き方を変えれば答えられそうだと感じてしまうことがある。期待していた数値が出なかったのは本来の実力を測ってもらえなかったからではないか」などと思うこともあるようです。

　日頃のエピソードを知っていればいるほど、「あれっ、我が子はこの問題は分かるはずなのに……、過小評価されていないだろうか」などと、ときとして検査結果に疑問を抱いてしまうかもしれません。

　けれども検査は、受検する人がみな同じ条件でマニュアル通りに行ったときにその子が表現した内容をもとに結果を出します。同年代と比較して数値化した情報と、さらに日常の背景情報も含めて総合的に解釈することで、これから必要な指導・支援に必要な客観的情報を得るためのものです。

　検査者は得られた数値が意味するものや数値には表れなかった情報をもとに一生懸命に悩みながら報告をしますので、遠慮なく疑問や質問を投げかけていただき、その結果から今後役に立つ情報を共有していきたいと思うのです。

ポイント

● 検査後の子どもには質問よりもねぎらいの言葉を。
● 数値だけでなく、心理士の解釈から得られる情報に目を向ける。

Part 3

子どもを支援する 10 のポイント

　ここでは、心理検査を受けるにあたり「実際にどのように支援していけばよいのか」を 10 のポイントにまとめてみました。検査を受けたときがスタートです。検査結果をもとに、子ども、保護者、学校の教員や専門職がチームとなって子どもを支援することが大切です。そのためには「チーム支援」「長所活用型支援」という考え方が一番大切です。子どもも保護者も、自分の良いところを生かしつつ、検査者や学校の先生達と対話しながら検査を学校や社会生活に生かしていくためのポイントを紹介していきます。

1 検査を受ける前から、支援が始まっていると考える

　子どもが、勉強や友達関係、集団参加など、学習や生活面など何かしらに苦戦をしているときに、「どうしてそのような状態になっているのか」、「どのような解決方法があるのか」をみんなで考えていくときの手がかりの一つに心理検査があります。

　学校では、勉強のやり方は教えてくれますが、一人ひとりにあった学習方法を教えることまではなかなかできません。

　保護者や担任の先生などの支援者だけでなく、子どもが自分の得意や不得意を知り、自分に合った今よりももっと効率の良いやり方に気づき、実際にやってみて上手くいくことが大切です。そのことは子どもの自信にもつながります。

　例えば漢字が苦手な子どもが漢字を覚えようとしたとき、見た形を上手くとらえられず、手先の不器用さもある場合には、「お手本をよく見て、何度も何度も練習すると、自然に書けるようになりますよ。頑張って！」とアドバイスしてもやる気がわいてくるどころか、何度やっても上達しないのでストレスになる子もいます。

　見て形をとらえることが苦手でも、聞いて覚えることは得意な子もいます。その場合、漢字の形の特徴を「漢字書き歌」を手がかりに唱えながらリズミカルに書いていく方が、効率良く楽しく覚えられます。検査は苦戦している子どもの認知の特徴を知るために役立ちます。大事なのは、子ども自身が検査を行うメリットを感じることに加えて、どのようなことをするのかのイメージを持って臨むことです。

　検査者や検査機関から保護者の方、また子ども本人にも事前説明の場が持たれることはありますが、そうでない場合もありますので、少なくとも子どもが当日に安心して検査に臨めるよう、検査について子どもと話題にしておくとよいです。

ポイント

- いつ（習い事など、可能な範囲で子どもの事情も考慮して決めておく）
- どこで（当日の移動方法や持ちものなども）
- だれと（テスター）
- 何のために（一番大切です！　ポジティブな目的を伝える）
- 大体のかかる時間
- 心配なときの伝え方（子どもに不安があれば取り除けるように）
- 本当に嫌だったら（辛かったら）、やめることもできること

説明回避タイプ……見通しがもてずに子どもが不安になるかも

視点ズレタイプ……事前のイメージと検査が違うと意欲をなくしやすいかも

ネガティブ思考タイプ……子どもに対する脅しになっている。不安が増し、意欲をもちにくくなるかも。

ポジティブ思考で未来志向でともに考えるタイプ

〈検査前日・当日の家での子どもへの配慮の例〉

・睡眠時間を十分に取り、いつもと同じ生活リズムを整える。

・説明は前日までにしておく。

・日常的に薬を飲んでいる場合は、当日どのようにするかを主治医や検査者に前もって聞いておく。

・特別な持ちものは必要ない場合が多いが、念のため確認しておく。

・終わった後は、子どもが疲れているので、詳しく聞きたい気持ちは抑えて簡単に感想を聞く程度にする。

・「よく頑張ったね」などのねぎらいの言葉をかけてあげる。

・後日子どもへの直接フィードバックがあるかどうか確かめておく。

　では、子どもが嫌がった場合どうしたらよいか、具体的な例で考えてみましょう。

事例 **子どもが「どうして検査しなくちゃいけないの？」「行きたくない」と検査に対して否定的なとき**

　Ｄくんは小学校４年生の元気な男子です。社会や理科などの授業中は積極的に参加し発言も多く、グループ活動のときには、豊かな発想力に対して友達からも一目置かれているほどです。

　けれども１年生のときには、ひらがな・カタカナの書きの学習でやや苦戦をしていました。３年生になった今では文字は正しく書くことができるようになったものの、国語の時間に、作文や漢字を書くことにとても苦労していて、「ぼく、国語は全然ダメだ。練習してもムダ。漢字や作文はもう無理だから」となかばあ

きらめているような発言が目立っていました。

　心配したお母さんが担任の先生やスクールカウンセラーと相談をしました。そこで、Dくんに合った漢字練習方法や作文の書き方を見つけるために、市の教育相談室と連携して心理検査を受け、その結果を活用しようということになりました。けれどもお母さんがDくんにそのことを伝えると、「どうしてぼくだけ検査を受けなくちゃいけないの？」と言って検査を受けに行きたがりません。

　そこで、お母さんはDくんに、「得意な理科や社会がもっとおもしろくなる方法や、今とは違う漢字の練習方法が見つかるかもしれないよ。Dくんに合った作文の書き方のコツを教えてもらえるかもしれないね」と具体的に話しました。

　さらに、「もし疲れたり具合が悪くなったりしたら、休憩もとれるから心配しなくていいよ。テストは学校の勉強とは少し違うけど、いろんな問題をやって、Dくんの強みや得意、良いところを見つけてもらおうよ」等と簡潔にポジティブなイメージを持てるように伝えました。

　また、Dくんとお母さんの気持ちや時間の余裕があるときに、そのことをじっくりと向き合って話しました。すると、「うーん……じゃあ、やってみようかな。本当に良いところや強いところが見つかるのかなあ。苦手な漢字が上手になるのかなあ」と検査をすることに同意しましたが、まだ心配も少し残っている様子でした。

　子どもは、初めての心理検査に対して漠然とした不安に、これまでの学習・生活面での失敗したときの感覚が加わって、積極的になれないのは無理もありません。保護者の迷いや不安が伝わってしまうとなおさらです。重大なイベントというような伝え方ではなく、「良いところ見つけ」や「得意発見テスト」を受けてみるという気持ちで臨めるような、さり気ない配慮が必要でしょう。

ポイント

● 日常の失敗を検査を受ける理由にしない
● 苦手の原因や隠れた得意を知ることで、今より上手くいくことを伝える
● 伝えるときの会話は明るく

2 短所改善型ではなく長所活用型で応援する

　心理検査の結果を知ると、「できることからすぐに取り組みたい」と思うでしょう。「子どもの苦手をなくしたい」という願いが強くなるのは親として、自然なことです。そうなると、いわゆる「短所改善型」で支援を考えてしまいがちです。

　しかし子どもの支援は、本人の意欲や自信につながる支援が最優先です。まずは、子どもがすでにできているところを認め長所を生かす「長所活用型」で考えることが大変重要です。強いところ、得意なやり方を使って課題を解決することで自信がつくと、短所（苦手）にもチャレンジしてみようという意欲がわきます。

事例 中学校２年生　言葉だけでは学習内容がわからない

　Eさんは学校の授業は熱心に受けているものの、定期試験で毎回点数が下がっていきました。心配したお母さんが地域の教育相談窓口に相談して、KABC-Ⅱを受けることになりました。その結果から、「継次処理能力が弱い」「語彙がやや少ない」ことがわかりました。小学校の頃と比べて中学校では教科書にイラストが少なくなり、先生が話す言葉や板書だけでは学習内容がイメージしにくくなっていたのです。

　そこで教育相談担当者から、同時処理能力を生かした学習方法が提案されましたが、本人は、「もちろん学校の勉強もできるようになりたいけれど、あまりそのことは話したくない。ピアノが好きなのに楽譜を読みながら弾けないことの方が辛い」と言います。

　そこで、Eさんの希望を取り入れて新しい曲を覚えるときには楽譜の代わりに演奏動画を視聴することを提案したところ、音の強弱や指づかいのイメージがしやすくなり、ピアノが上達し、自信がついてきました。ピアノの練習を通して、得意な同時処理能力を生かせるということを子ども本人も実感できたので、歴史

や数学の公式を覚えるときにも、ノートにイラストを描いたり、イラストが多い参考書を選びながら取り組むようになりました。

　発達に偏りのある子ども達は、心理検査を受ける前に、学習や生活への意欲や自信をすでに失っていることがよくあります。友達と比べて「できなかった」という失敗経験を繰り返してきているために、検査結果をうけてすぐに学習上の課題に取り組む気持ちにならないのです。

　そこで、子どもが好きなこと、興味があることから取り組んでみてはどうでしょう。一見遠回りに感じるかもしれませんが子どもの「やってみたい」という気持ちをまず確認したうえで、子どもに合った方法で応援してあげるのです。事例のように、本人が得意な方法を実感して要領をつかめば、自ら次の課題に取り組もうとします。例えば、幼児に言葉や数の知識を増やしてあげたい場合、ままごと遊びが好きなならばままごと遊びや調理のお手伝いの中で数や言葉を教えてもよいでしょう。

ポイント

- 検査結果でわかった子どもの「長所」について家族や学校などと話し合う
- 子どもの自信や意欲につながる関わりを見直す
- 子どもが「好きなこと」「興味があること」から取り組む

3 子どもの気持ちを聴く、汲みとる

　子どもは、「困っている」「こうしてほしい」という気持ちに自分で気づき、伝えることはまだまだ難しいため、支援する大人が丁寧に観察することが重要です。心理検査の結果を踏まえながら子どもを観察すると、「気持ち」を汲み取りやすくなります。

事例 幼稚園５歳児　家で気になる行動がある

　Fくんは年長クラスに上がってしばらくしてから、家で支度や片付けを促すと急に怒るようになりました。さらに、なだめようとする家族を激しく叩くようになったため、お母さんは病院で医師に相談しました。

　子どもが知能検査を受けることになり、その結果、「お子さんの理解力は年齢相応ですが、短期記憶が苦手なので、複数の指示を同時に受ける場面で理解できずに混乱するでしょう。その混乱した気持ちから、攻撃的になっている可能性があります」と説明されました。

　お母さんは「この子には叩きたくなってしまう理由があったんだ」と思ったそうです。そこで伝え方を工夫してみようと考えました。

　幼稚園の先生から日中の様子を詳しく聞いてみたところ、Fくんは自由遊びではとても落ち着いて遊んでいる反面、制作や体操では周りをきょろきょろと見渡しながら友達の真似をして参加しているということでした。

　お母さんはそれを聞いて、子どもが幼稚園で先生の話を一度聞いても「わからない」「難しい」と感じて困っているのかもしれないと気づいたのです。そこで幼稚園にお願いをして、短期記憶への配慮をしてもらうことにしました。

　制作では「線に沿ってていねいにぬるんだよ。それが終わったら筆と画用紙を片付けてね」などとクラス全体に話した場合、一つひとつの指示をもう一度、個別に伝えてもらうようにしました。また、担任の先生は制作の見本を子どもの近

くに置くようにしてくれたので、子どもは集中して取り組めるようになりました。

解説

　発達面のつまずきが要因で、子どもの生活上に二次的な問題が起こることはよくあります。子どもの課題をとらえられているか、大人の視点だけで支援していないか、定期的に振り返ることが大切です。

　事例では、Fくんは「気になる」行動をきっかけに受診して知能検査を受けて発達面のつまずきが明らかになりました。

　Fくんの困り感に気づいたお母さんは、支度してほしいものをイラストに描いて壁に貼りました。イラストを見ながら支度するFくんに、お母さんはそっと笑顔を向けるようにしたところ、Fくんが怒ることは減り、支度を終えると報告しに来るようになったそうです。Fくんは「わからない」「難しい」という気持ちを幼稚園でも家庭でも汲みとってもらえるようになり、安心できるようになったのだと思われます。

ポイント

- 子どもの1日の生活に、心理検査の結果を照らし合わせてみる
- 二次的な問題の背景にある、発達のつまずきをとらえる
- 子どもの「困っている」「こうしてほしい」という気持ちに気づく

4 検査結果の受け取り方について話し合う

　子どもが心理検査を受ける場合、保護者はどのような目的で検査を行い、そしてその結果をいつ誰からどのような方法で説明されるかを事前に確認しておきましょう。検査の目的やその後の流れを理解しておくと、検査結果をふまえた支援へと話が進みやすくなります。

事 例 保育園３歳児　検査の意味を後で知った父

　３歳児健診で言葉の遅れを指摘されたため、紹介された自治体の発達相談窓口へ行きました。お母さんが妊娠中で同行が難しく、お父さんが一人で連れて行ったのですが、「知能検査を受けるには４ヶ月待ちです」とだけ告げられました。

　お父さんもそれ以上の質問はせずに予約をとって帰りました。「言葉の遅れ」といっても話す言葉は少しずつ増えてきていましたし、気性が穏やかで子育てしやすい子だと感じていたので、心配していなかったのです。

　お父さんは、４ヶ月待って発達相談窓口を再訪し、子どもの知能検査の日にもつき添いました。心理士と一緒に個室に入っていく我が子の姿を見ながら、ふと「検査って何をするんだろう。この検査の結果が出たらどうなるんだろう」と思いましたが、終わってからも特に質問しませんでした。

　そして後日、検査結果を説明されるときに、検査をした心理職から「お子さんはIQが低いので知的障害の可能性があります」と言われ、病院を紹介されました。両親はこの時点で初めて、３歳児健診で言われた「言葉の遅れ」というのはどういうことなのかを理解しました。お父さんは、「知的障害」という言葉に動揺して、「もっと早く、なんできちんと説明してくれなかったんですか！」と検査者に怒りをぶつけました。

　その後、病院で診断を受けたときには、お父さんは「これまで自分は何をしていたんだろう」と落ち込みましたが、子どもが療育にも楽しく通う姿を見て、次

第に気持ちも前向きになっていきました。

解 説

　この事例では、３歳児健診をきっかけに健診機関や相談機関、病院というように、子どもを支援する多様な機関につながっていますが、父親が子どもの状況をよく理解できないまま進んでいました。

　心理検査の内容や結果は、数値や専門用語が多いので、初めて聞く人にとっては難解で、何を質問したらよいのかわからないことが多いものです。疑問や不安がある状態で検査結果を聞くと、さらに動揺が大きくなってしまいます。

　また、検査結果を誰から説明されるかによっても、印象が違います。検査をした心理職などから直接説明される場合もありますし、病院で知能検査を受ける場合は医師から説明される場合もあります。検査者とよく対話し、疑問や不安がある場合は遠慮せずに尋ねてみましょう。

ポイント

- 初めて子どもの検査結果を聞くときは戸惑いやすいものだと知っておく
- 検査の目的や検査後の見通し（日時、所要時間、費用、説明する人など）を把握する
- 検査について疑問や不安があったら、そのままにせず検査者に尋ねる

5　チームで目標を共有する

　子どもが毎日過ごす学校や園に、心理検査の結果を伝えることで、よりよい支援につながります。検査をした病院や療育機関、家庭、そして学校や園が、子どもを支援するための「チーム」になるイメージです。

事 例　小学校3年生　家と学校で必要な支援が違う

　Gちゃんは、学校での学習には遅れがありませんが自宅で身支度やものの管理ができないことが多く、心配したお母さんが民間の相談機関に行きました。KABC-Ⅱを受け、心理職から「見通しを持って計画を立てることが苦手ですが、同時処理能力が強いため、スケジュールボードや絵カードを用いた生活上の支援をしてあげましょう」と提案されました。

　お母さんは検査結果報告書を持参して、小学校の学級担任と面談しました。担任の先生によると、教室では仲良しの友達が次の予定をさりげなく教えてくれるので、生活面で困っている様子ではないということでした。周りの様子を見たり、自分から友達や担任に尋ねたりしながら、学校ではわりとスムーズにものの管理はできているようです。

　そこで、学校では毎日のスケジュールを伝える際に、あえて絵カードなどは導入しないことにしました。ただし、「計画能力が弱い」という検査結果を考慮して、授業で話し合い活動をするときや行事の際には、見通しが持てるような掲示をするなどていねいに指導してもらうことになりました。

解 説

　心理検査の結果は、家族で共有するとともに、子どもの支援者にもぜひ伝えてください。とくに学校や園では、教育・保育を行うための計画（個別の教育支援計画や指導計画）を立てる参考にもなるので、紙面をコピーして渡すことも一つ

の方法です。すでに行っている支援を見直すことにもつながりますし、学年が上がっても次の担任の先生に引き継がれるでしょう。

　子どもの応援団を増やすつもりで、親しいママ友・パパ友や放課後児童クラブ、場合によっては、習い事の先生や身近な親せきに概要を説明してもよいと思います（ただし、紙面で個人情報を渡す場合は、念のため保管方法も確認しておきましょう）。

　また、子どもを支援する「チーム」の要は、子ども本人です。子どもの年齢や理解度にもよりますが、心理検査の結果を本人にも伝え、感想を聞いたり今後について一緒に話し合ったりしてもよいでしょう。

ポイント

- ●検査でわかった子ども特性や支援の視点を、周囲にいる人に伝えておく
- ●学校や園などには、日常の支援に役立ててもらうためにより詳細に結果を伝える
- ●子どもによっては本人とも、検査結果の情報を共有する

6　親自身の長所を生かして子育てをする

　心理検査の結果からは、子どもとの接し方や生活環境の整え方など、子育ての
ヒントが多く得られます。子どもの特徴を理解できたら、次は保護者自身の長所
や得意なことを生かせる支援を考えてみてください。

　子どものためとはいえ、親自身が苦手なことから取り組むと息切れしてしまい
ます。今後の子育てを楽しむためにも、親自身が得意なことから始めることをお
すすめします。

事例　小学2年生　学習の遅れが気になる

　あるお母さんは、子どもが WISC-Ⅳ を受けて「処理速度は速いものの、言語
理解能力が弱い」という結果を知ったのですが、子どもの学習のつまずきをどの
ように支援したらよいか、イメージがわきませんでした。家で算数や国語のドリ
ルを一緒にやろうと誘っても、子どもは嫌がります。

　そこで学習の支援は学校の先生に任せて、お母さんの趣味であるベランダ菜園
に子どもを誘うようにしました。種を数えたり、土を混ぜたりする作業を任せる
と、子どもはとてもはりきって手伝ってくれました。さらに肥料の選び方や虫の
捕まえ方について、実物やイラストを見せながら説明するようにしたところ、子
どもも興味を持って質問してくるようになりました。続けていくうちに親子の会
話も増えて、一緒に過ごす時間を楽しめるようになりました。

解説

　子どもに合わせた支援が重要だとわかっても、なかなか実行できないという保
護者も少なくありません。そんなときは、自分の趣味や特技を子どもの支援に役
立ててみてください。親が興味・関心があるものには、子どもも心ひかれます。
また、子どもにとっても、生活経験の中で培われる数量概念や科学的知識は、結

果的に算数や理科などの教科学習にも結びついていくでしょう。

　スポーツやアウトドア、絵画や楽器演奏など、どんな趣味でもかまいません。関わり方のアイディアも多様に広がり、子育てを楽しむきっかけになります。

　子どもは「いつも味方でいてくれる人がいる」と実感すると安心し、ゆるぎない自信を持つことができます。子どもの味方でい続けるためにも、保護者の長所が役立ちます。

> **ポイント**
>
> ● 子どもに無理に合わせようとせず、親も楽しみながら取り組めることから始める
> ● 親の趣味や特技を生かす
> ● 親子でお互いの長所を認め合う

7 子どもが気軽に相談できる環境を作る

　検査を受けて子どもの課題が明らかになったら、一方的に支援するだけではなく子どもが身近な人に「相談する」力を育ててあげましょう。

　子どもが必要とする支援は、年齢とともに変化していきます。教科学習の難易度が上がり、子ども同士の関係が複雑になり、さらに大人から期待されることも増えていくためです。そこで、身近な人に「相談する」力をつけておくと、子どもの生涯成長の支えになります。

事例　高校1年生　進学先での新たなトラブル

　物静かな性格で、中学校まで友達とのトラブルもなく過ごしていましたが、幼児期から言葉の教室に通っていて、担当の先生から「曖昧で抽象的な言葉はイメージしにくい」と言われていました。小学生のときに数回受けた WISC の検査結果では、言語理解の数値は低くなかったものの、項目によって結果にかなり差があったようです。

　高校1年生の夏休み明けに登校をしぶり出したため、お父さんが心配して理由を尋ねると、4月からずっと悩んでいたそうです。入学して隣の席になった子に、「帰りに遊ぼうよ」と声をかけたのですが「今日は遊べない」と言われたそうです。そのときに、「今日がだめなら、いつなら遊べるの？」と何度も問い詰めてしまい、それ以来、避けられるようになったそうです。避けられる日が続いたため、みんなから嫌われているような気がしてしまい、学校ではずっと一人で過ごしていたということでした。

　驚いたお父さんが担任の先生に問い合わせると、先生も一人で過ごしていることを気にかけていて、時々「困ったらいつでも相談してね」と声はかけていたそうです。しかし、子どもは「はい」と答えるだけだったので、それほど悩んでいるとは気づかずにいたということでした。

解 説

　高校に入って新しい友達を作ろうとした点は、彼の中で大きな成長でした。しかし、友達から言われた言葉の意味を正確に理解しようと問い詰めてしまったようです。また担任の先生から「困ったらいつでも相談してね」と言われていましたが、子どもは「みんなから嫌われている」と思う気持ちが「困った」状況だと気づかずにいたため、相談することなく過ごしていました。

　身近な人に適切に「相談する」力をつけておくことは、どの子にとっても重要です。一人で悩みを抱え込み、不登校が長期化したり、ネット上で見知らぬ人に相談して大きな問題に発展したりといったさまざまなトラブルを防ぐことにもなります。

　家庭で「相談する」力を育むには、子どもが少しとまどっている様子が見られたときにすぐに手助けするのではなく、日常の関わりの中で子どもの気持ちを代弁することを心がけましょう。

　例えば小学生の片付けの場面なら「どれから片付けたらいいか考えているのかな」などと代弁してもらえることで、子どもは自分の「困っている」気持ちを表すためにぴったりの言葉を学んでいきます。そして、「絵の具を先に入れてから、筆をしまうか、筆をしまってから、絵の具にするか。バッグに入れるには、どっちがいいかな」などと、選択肢を示してあげるとよいです。このように選ぶ機会を作ることで、子どもは意思を表しやすくなります。

　子どもがやがて「どれから片付けたらいいかな」とつぶやいたり、「入らないんだけど、どうしたらいい？」と困っていることを伝えることができたら喜んで応じてあげましょう。

ポイント

●子どもが「相談する」力をつけておく重要性を知る
●子どもの「困り感」に気づいたら代弁し、意思表示をサポートする
●困り感を「つぶやく」「伝える」姿が見られたら応じる

8 子どもの自己理解を促す

　子どもを支援していく最大の目標は、「子ども自身が自分で考えて決め、ときには周りに頼りながら自立できるように」育てることです。子どもが自分の得意・不得意をよく理解できると自信がつき、さらに自分に合った教材選び、進学・就職先選びや、趣味、住まい選びなどにもつながるためです。心理検査の結果は、客観的な数値とともに本人の自己理解を促す資料になります。

事例 **中学校2年生　努力しているのに成績が伸びない**

　2年生に進級してから授業中はほとんど上の空でした。1年生から友達関係は良く、体育や美術などの実技科目はとても得意だったため、担任は初め「クラス替えがあったから気持ちの問題か」と思って見ていました。しかし、数学の習熟度別クラスで一番下のコースで繰り返し取り組んでも数学の成績が伸びないことが気になりました。担任と特別支援教育コーディネーターが保護者の承諾を得て自治体の巡回指導で相談したところ、KABC-Ⅱ（18ページ参照）を行うことになりました。

　検査の結果から、認知能力が「平均の下」であり、習得度の中でも特に「算数」の得点が低いことがわかりました。巡回指導者と教師、保護者とで相談し、本人にも結果を伝えることになりました。

　教師からJさんに「KABC-Ⅱをしたときに、筆算をしている途中でミスしやすかったみたい。学校のテストをみると罫線があるとミスが少なかったようだから、授業で使うプリントにも罫線をつけてみる？」と提案しました。

　彼女はこの提案にうなずきました。罫線つきのプリントで個別指導してもらえるようになってからは、少しずつ数学にも意欲的になりました。テストでは、方程式を用いる問題や文章問題は苦戦していましたが、計算問題なら答案の余白に自分で線を書き、取り組むようになりました。

解説

　新たな支援をする際は、子どもに説明し同意を得てから行いましょう。検査中の様子などを取り上げながら具体的に伝えることで、子ども自身がどこに困っているかを自覚しやすくなります。大切なことは、「数学は苦手だけど、この道具（やり方）があれば計算ができる」という自己理解と自信につなげることです。

　Ｊさんの場合は、中学卒業までに頑張って四則演算は習得し、高校は実技科目が多い学科を選びました。また、アルバイトで計算が必要なときには、電卓やPCを使わせてもらうように自ら雇い主に申し出ました。

　心理検査にもさまざまな種類がありますが、子どもが一人で受けるタイプの検査（個別式検査）は時間をかけて行うため、子どもが課題に取り組む様子も検査者が観察します。事例のように、検査中の様子から子どもの強みが分かったときには、本人にも伝えながら学習や生活に生かしてみましょう。

ポイント

- 検査結果から、その子なりの強みを見つけて本人に伝える
- 検査で見られた行動から、生活に取り入れられる工夫を考える
- その子の弱みをどう配慮すれば生活しやすくなるか、子どもと一緒に考える

9 特性を生かして社会参加できるよう応援する

　大学受験や専門学校への進学就職など、高等学校卒業後の進路決定が身近に迫ってくる高校2年生。保護者は将来の夢や希望を持って着実に準備を始めている知人や友人の子どもの話を聞くと、我が子の将来を不安に思い、ついつい子どもの現状や気持ちを冷静に考えられなくなってしまうこともあると思います。

　でも、ちょっと待って！　外からはエンジンがかからないように見えて、実は困っているのは子ども自身かもしれません。このときに、客観的な検査結果が子どものよさや強みを一緒に考えていくきっかけになる可能性もあります。

事例 **高校2年生　将来の夢に向かって強みを見つける**

　Kさんは学校の授業は欠席することなく受けていますが、どの教科にもノートには空欄があり、時間制限がある定期試験では毎回最後まで答案用紙を埋めることができません。そのためいつも平均以下の点数ばかりで自信をなくしている様子が見られました。

　彼女は、「将来は博物館や図書館のような、歴史や文化的な資料がある場所で仕事をしてみたい」という夢を持っていて、そのためには大学に行きたいという希望がありました。

　けれども親から見て要領がとても悪く、しっかりと目標に向かって準備したり勉強したりしているように見えません。ついつい「そんなことじゃどこの大学にも入れないし、就職だって難しいんじゃない？」などと否定的な言葉かけしかできなくなってしまい、親子関係もギクシャクしがちでした。

　大学受験だけでなく、将来の自立に不安を感じた両親が、相談室に相談に行き、そこで子どもの特性に合った勉強や生活の仕方を見つけるためにKABC-Ⅱを受けることになりました。

　検査結果から、「認知能力は平均よりも高い」「継次処理能力に比べて同時処理

能力が高い」「計画能力が低い」「学習能力が高い」ということがわかりました。

　そこで心理職から、同時処理能力を生かした学習方法や板書の取り方、時間内に効率よく回答するテスト対策等が提案されました。本人は、「これまで自分なりに努力してきたつもりだったけれど、なかなか良い結果が出なかったから、自分は能力が低いのかもしれないと思っていた。でも自分に合うやり方があるならその方法でやってみたい。もっと具体的に教えてほしい。自分でも考えるから相談したい」と前向きになりました。

　また、両親も「『ただ努力不足』とか『要領の悪い子』と決めて子どもを追い込んでいたのかもしれない。一緒に強みを見つけられたのはよかった」と話していました。こうしてチームでの取り組みがスタートしました。

解説

　子どもも、毎日接することが多い保護者も、第三者から言われてからこれまで知らなかったよさや、やり方に気づくことがあります。結果を聞くときには数値だけでなく、その背景を納得がいくまで質問できるとよいと思います。

　この事例では検査がそのことを考えるきっかけになりました。さらに親子関係が新たなステージへと進む一歩になるかもしれません。

　思春期以降の子どものプライドや気持ちを尊重し、選択や決定を後押しするような励ましや助言は子どものやる気の原動力になり、将来の自立の力を育むことにつながります。

ポイント

●検査結果でわかった子どもの「長所」「自分に合ったやり方」について、子ども本人の感想や気持ち、意見を聞き、尊重する
●具体的な作戦を、子どもを中心としたチームで一緒に考える
●子どもの選択や決定を尊重し、直接または間接的に応援していく

10 　きょうだいにも配慮する

　保護者にとって、子どもの成長や行動など気になっていることが多いと、その子どもの課題を何とか解決したいという気持ちが強くなると思います。また、目の前の急を要する問題にすぐ対処しなければならないことも出てきて、余裕のない生活を送っていらっしゃる方も少なくないでしょう。

　そのような日々の生活の中で、他の子ども（兄弟姉妹）はどのような生活をし、どのような気持ちで過ごしているのか、兄弟が自閉スペクトラム症のケースを見てみましょう。

事 例 　知的障害を伴う自閉スペクトラム症の弟がいる L さん

　私は今高校生です。弟が小さいころから「友達の弟や妹とはちょっと違うところがあるな」と思っていました。弟はすごく可愛く、両親もとても弟を可愛がっていました。

　でも小さいころから大変なことがたくさんありました。公園では手を離すとすぐに一人で走っていき危ないので、母が「○ちゃんを追いかけて」と言って私と一緒に追いかけることが何度もあったのを覚えています。母も大変だと思いましたが、私も自由に遊ぶのをがまんするときがありました。

　公園のときよりももっと大変だったのは買いもののときです。スーパーでは色々なものが棚に並んでいる狭い通路でも同じように走ってしまうので、他のお客さんにジロッと見られたり、私が店員さんに注意されたりしたこともありました。そのときは「何でじっとしてくれないんだろう。もう一緒に出かけたくない！」と弟に対してイライラしました。

　家の中でも、宿題を終えて麦茶を飲んでいたら、弟が急に来てテーブルをバンバン叩いたので、コップが倒れて私の宿題のプリントの上に麦茶がこぼれたことがありました。私はびっくりして思わず弟の手をたたいてしまいました。

　するとお母さんは私に「宿題を置きっぱなしにしていたおねえちゃんが悪い。弟をぶっちゃダメ！」と言い、私だけ叱られてしまい、すごく悔しかったのを覚

えています。片付けなかった私もいけないのかもしれませんが、その時は「何で
いつも私ばかり叱られて、弟は叱られないんだろう」と不満でした。

でも母は後からそっと「さっきはゴメンネ」と言ってくれることもありました。

もちろんがまんすることばかりではありません。ちょっとうれしいのは、頑張
っている私と母と二人だけで時々人気のお店でスイーツを食べる日があったこと
です。その日は父が弟と一緒に遊んでくれるので安心です。

弟の良いところは、毎日必ずカーテンを開けて、新聞を取って来るなど、家族
で決めた手伝いはしっかりとやってくれることです。他にも歌っているときの笑
顔が可愛いとか、おやつを半分こしてくれることなど、私は弟のいい所をたくさ
ん知っています。大変なことは他の人にはあまり言えませんが、きょうだいとし
て助けていきたいなあと感じています。

⇒きょうだい児の思い

○自分に対する愛情を保護者から感じられると、特性があるきょうだいに対して
　ケンカをしつつも、自然に「かわいい！」「好き」「お互いに支え合っている」
　という気持ちが持てるようです。

○「いつも自分だけががまんしている」、「不公平だ」などの気持ちを持ち続けて
　いると、周囲の大人が気づかないうちに不満やストレスが溜まってしまうこと
　もあります。「きょうだいなら当然」ではなく、「ありがとう」の感謝の言葉や
　ねぎらいも大事です。

○きょうだいの後始末の仕事をすることが重なると「自分だけ大変だ」という負
　担に思う気持ちや将来の不安が出てしまうこともあります。「家族みんなが今
　できることをそれぞれに頑張っているよ」ということをやんわりと伝えてみま
　しょう。

○兄弟姉妹の友達から「あなたの弟（妹・姉・兄）は変わってるね」「障害があ
　るの？」などという言葉をかけられたときに、上手く説明できなかったり、傷
　ついたりしないように周囲の大人が配慮する必要があります。

家族でわかりやすい説明の仕方を話し合っておいたり、困ったときに頼れる身
近な友達や先生、近所の人などに相談できるようにしておくとよいでしょう。

●少し余裕があるときに、きょうだい児の様子を振り返る。
「年齢に不相応な負担をかけすぎていなかったかな？」
「言いたいことを我慢させていなかったかな？」
「友達関係は大丈夫かな？」
「同じように愛情を言葉や行動で伝えていたかな？」
「保護者自身も余裕があったかな？」　などなど

●兄弟姉妹へのフォローやごほうびを一緒に味わってみる
月に一度くらい外食などのちょっとのごほうびを！
（スキンシップ、親とその子だけの特別な時間を持つ、ちょっとした好き
なものを買ってあげる、ほめる、感謝の言葉なども大切です）

●ママ友・パパ友など周囲の保護者から情報を得て、兄弟姉妹の友達関係を
さりげなく把握しておく。

マイノートを作ってみよう

　ここで説明する「マイノート」とは、周囲との関係で生きにくさを感じていたり、学習などで苦戦を強いられている子が、周囲から理解を得たり、自分に合ったより良い対処方法に気づき、前向きに過ごすことができるように手助けするためのツールです。「私のトリセツ」「プロフィール」など、子どもが気にいる名前をつけてみましょう。

　小学3年生になったばかりのMさんは、最近学校が楽しくないと言っています。

　実はMさんの小学校入学前に保護者は、Mさんが他の兄弟や同年代の子どもと比べてちょっと違うことが多いと感じ、病院に連れていったところ、そこでASD自閉スペクトラム症の診断を受けました。しかしそれまで少人数の幼稚園では、Mさんの人懐こさやユニークさを肯定的に受けとめてもらっていたため、伸び伸びと過ごしてきたことを伝えると、心配しすぎなくても大丈夫だろうということでした。

　実際Mさんは小学校入学後、勉強が好きで漢字の書き以外の成績はとてもよく、授業中も積極的に発言することが多かったそうです。けれども友達関係がなぜか上手くいかず、学年が進むにしたがって学校が楽しくないと思うようになりました。Mさんは、「自分が正しいと思って言った意見や考えに賛成してもらえない」、「当たり前のことを言ったのに相手が怒ってしまった」、「私はちゃんとやっているのに、『違う』と言われてしまうことがある」などと悩みを保護者に訴えるようになり、心配していました。

　入学前に病院でWISC-Ⅳを受け、そのときは知能は全般的に高く、特に言葉の力とワーキングメモリーが高いという報告を口頭で聞き、そのことは保護者の記憶に残っていました。そういえば、Mさんは小さいころから一度聞いた言葉はすぐに覚えて、難しい言葉も知っていておしゃべり好きな子どもだったという記憶と一致した思いがあったのです。入学後も読書好きで色々なことを覚えて、勉強は楽しいだろうと思っていましたが、人間関係でつまずいてしまったかと親子で悩みました。

　そこで担任からすすめられた校内のスクールカウンセラーに相談したところ、Mさんの認知処理の得意を知り、友達とのやり取りなど会話のマナーや付き合い方など、学校生活に必要なスキルを考えていくことを提案されました。

　病院でKABC-Ⅱを受け、その結果をもとにAさんが得意な「一つ一つ順番に処理していく力」や「新しく見たものとそれについて聞いたことを一緒に覚える力」、「言葉を理解する力」を生かして、エピソードごとに対処方法を考えて「マイノート」を作りました。

　最初は「面倒くさい」と言っていましたが、保護者や担任の先生、スクールカウンセラーからもアイディアをもらい、一緒に考えた方法で試してみると、「あっ、そういうときはこういう言い方の方が良かったんだ」と気づいたり、他の人から認められたりすることが少しずつ増えてきて、ページが増えることが楽しみになってきた様子でした。しばらくすると以前作った「マイノート」を見ると、「もう自然にできるようになっている。別の方法でやっている」などとチェックを入れていました。

ポイント

● 「マイノート」の良さは、自分の強みを生かした物事の解決方法がわかることに加え、他者に今まで知られていなかった良さと配慮してほしい苦手を正しく理解してもらうツールとしても活用できることです。
困った時やトラブルだけでなく、上手くいったエピソードからヒントが得られるように、まずはどんどん書き溜めていきましょう。そのときに、検査から分かったその子の強みと配慮してほしい所をもとに解決方法を考えます。

（児童版の例）

なまえ

□年□組 _____

テストから分かった得意・不得意	
😊得意・強み	😟不得意・弱み
・順序立てて考える力 ・一つ一つやってみて確かめること	・全体を見渡す力、聞いたことを覚えておくこと ・一度にいくつかの関係を考えること

○	① 「そのへんってどこ？」 ○月○日
いつ？	学校から家に帰ってきたら、お母さんが買いものに出かけようとしていた。
どこで？	家の玄関
だれと？	お母さん
どのようなこと？	①「手紙はそのへんに置いておいて」「おやつは手を洗ってから冷蔵庫の中のプリンを食べて」と言って、お母さんが出かけてしまった。 ②手紙をどこに置けばよいかわからなかったので、ランドセルの中に入れたままにしておやつを食べた。 ③帰ってきたお母さんに叱られた。
こうしたらうまくいく！	❶お母さんに「そのへんってどこに置くの？」と聞く。 ☆お手紙箱を作ろう ❷やることを順番にメモしてもらう。
なぜかというと	❶どこに置くのかがはっきり分かるように。 ❷忘れても確かめられるように。

	タイトル　　月　日
いつ？	☆ できるだけ ピンポイントで書く
どこで？	
だれと？	
どのようなこと？	
こうしたら上手くいく！	☆複数見つかると安心
なぜかというと	

検査活用サポートシート

　この「心理検査活用サポートシート」は、子どもの発達や特性、必要な支援について、保護者がまとめる書面です。サポートシートを作ると、検査結果を書面でもらえない場合でも子どもに必要な支援とその根拠を整理し共有することができます。あるいは検査の結果報告書をもらえたものの、そのままでは園・学校に子どもの良さや課題がうまく伝わらない場合にも役立ちます。ここではサポートシートを使った事例をご紹介します。

〈事例　学校に伝えたはずなのに〉

　小学5年生のAさんは、登校しぶりが続いていたことから、保護者と相談機関へ行きました。そして、これまでの経過と発達面の心配を相談して検査を受けることになりました。検査の結果から、知能指数が「平均の下」の水準であり、同学年の学習についていけなくなっていることがわかりました。

　ただ、相談機関では「検査結果報告書は発行できない」と言われたため、保護者が検査結果を聞きながらメモを取り、小学校の担任に伝えました。「これで学校でも支援をしてもらえる」と安心したものの、小学校で受けられたのは登校しぶりの対応のみで、学習面の支援は受けられなかったそうです。保護者は、「学校に一度は伝えたことを何度も連絡すると過保護親だと思われそう。モンスターペアレントだと思われたくない」と思い、何も言えないまま過ごしていました。

〈解説〉

　保護者が検査結果を園・学校に伝えても、実際に学校で行われた支援がイメージと違うということはしばしばあります。その場合は、担任とのコミュニケーションを図る中で、支援方針を再確認することになります。お世話になっている園・学校に対して気兼ねするのも当然ですが、この事例では遠慮しすぎた結果としてコミュニケーションが不足していたかもしれません。

　子どもが必要とする支援を受けるためにも、園・学校と安心して対話するためにも、子どもの支援に関する情報を「書面で」伝えてみましょう。連携先の手元にも残りますし、口頭よりも正確に伝わり具体的に支援してもらいやすくなります。

〈書き方のヒント〉

　サポートシートは、書くべき項目や書き方が決まっているわけではありません。子どもの支援に必要な情報がまとまっていることが大切です。コンパクトにまとまっていると、園・学校の先生方に読んでもらいやすくなるので、1～2枚程度の紙面にまとめるのもよいでしょう。ネットや書籍には、「サポートファイル」

「支援シート」などの名称でさまざまなフォームが紹介されています。保護者自身が使いやすいものを選ぶとよいでしょう。

　今回ご紹介するのは、本書オリジナルの「サポートシート」です。心理検査の結果を生かすために、検査を受けたことを前提としてフォーマットにしました。記入例もあるので参考にしてください。

　始めから文章で書こうと思うと難しく感じるかもしれません。シート作成の前に項目ごとに思いつくことを箇条書きで書き出してから、情報を整理していきましょう。

サポートシートをつくるときの FAQ

Q 心理検査活用シートを作る際、気をつける点は何ですか。

A どの年齢のお子さんを支援する際も、気をつけたいのは、子どもの視点でサポート（支援）を考えることです。例えば、「こだわりを減らすために、スケジュール表を貼る」というように、「△△しない（・・・）ために、○○をする」という書き方は大人の視点です。そうすると、子どもの行動を制限する書き方になりがちです。こうしたアプローチは子どもが希望している支援ではなく、かえって課題が大きくなることがあります。

書きだしてみて大人の視点に気づいたら、「こだわり行動が生じるのはなぜだろう？」と子どもの視点に転換させることが必要です。子どもの園生活を考えると、最近は卒園式前で毎日予定が変わり、その上小学校の準備のために新しいルールを教えることも増えていて、環境の変化が多い毎日だから不安なのかも。だから、習慣化していることの方が安心につながるので今していることにこだわってしまうのかも……と、仮説でいいので、子どもの視点を想像することが大切です。

そうすれば、「変化が多く不安な時にも安心して過ごせるよう、予定の変更は先生から個別に教えてもらう」という支援策が思いつきます。そして、検査結果から視覚処理が得意だとわかっているから、文字や絵にしてもらおうという具体的な支援が考えられます。このように、子どもの視点で考えると、シートは、「◎◎になるために、○○をする」と肯定的な書き方になっていきます。このシートは子どものためのサポートシートですが、保護者にとっての「子育てのワークシート」だと思って、ぜひじっくり取り組んでみてください。

Q 子どもの年齢別に、気をつける点はありますか。

A 心理（知能）検査の結果があれば、お子さんの学習と生活の支援を優先して考えてみましょう。子ども本人は、学習や生活につまずいていることに気がつきにくいものです。しかし、子どもは年齢が上がれば上がるほど、行動面の課題や対人的な課題など目立つ課題が注目されてしまい、その背景にある学習や生活上の支援の必要性が見落とされやすくなります。

このため、本シートは前半に、学習面と生活面の2点を取り上げています。知能検査の結果のフィードバックを受けたら、ぜひこの2点につながる支援を検査機関で尋ねてみてください。そして必ずこの2点は、サポートシートの要として書き込んでほしいと考えています。

小学校高学年以上の子どもであれば、支援内容について本人の同意を得ることも

とても大切です。支援に納得し、周囲から「サポートされている」と感じること
は、子どもの自信と意欲につながります。

もしかしたら、思春期にある子どもとは現時点で、親子関係がこじれていて、学
習や生活のことを一緒に考える関係ではないかもしれません。それでも、シート
作成を通じて、子どもの視点を考えたり、必要な支援を考える機会を作ったりと
活用していただければと思います。紙面にすることで、「支援したい」気持ちを
本人に伝えるきっかけにもなるかもしれません。

Q　シートを一度作れば、後は園・学校に任せればよいですか？

A　子どもにとって必要な支援は、いつも同じとは限りません。家庭と園・学
校という〈場所〉の違い、授業中と休み時間などの〈場面〉の違い、そして、親
と先生、友達などの〈関係性〉の違いによっても支援がかなり違ってきます。

このため、家庭で作った「サポートシート」は、進級・進学時などのタイミング
で見直しを図るとよいでしょう。いつの間にか支援がいらなくなっている場面が
あることに気づいたらそれは子どもの成長の証でもあります。あるいは、特定の
場面で、今よりも丁寧な支援が必要だと気づく場合もあります。

もちろん、日々の支援は園・学校を信頼して任せていきますが、家庭でもサポー
トシートの見直しをしてみると、子どもに合わせた支援がアップデートされるこ
とにつながります。

Q　子どもが幼児でも小・中学生でも、同じシートを使えるのですか。

A　使えます。本シートは基本的な項目を示して、年齢による区切りがあまり
ないように作ってあります。お子さんの支援を見直す際にも同じシートを使えば
支援前後の比較ができ、課題が見えたり、子どもの成長を実感したりできるでし
ょう。シート作成のコツをつかんだら、必要な情報を組み合わせてオリジナルの
シートを作ってみてください。

おすすめの本

藤田和弘『「継次処理」と「同時処理」学び方の2つのタイプ──認知処理スタイルを生かして得意な学び方を身につける』図書文化（2019）

安住ゆう子編著『改訂新版子どもの発達が気になるときに読む心理検査入門』合同出版（2019）

安部博志著『子どもの発達を支えるアセスメントツール』合同出版（2019）

「長所活用型指導で子どもが変わる」シリーズ、図書文化（1998〜）

part 1 　『特別支援学級・特別支援学校用』藤田和弘・青山真二・熊谷恵子編著（1998）

part 2 　『小学校個別指導用』藤田和弘・熊谷恵子・青山真二編著（2000）

part 3 　『小学校中学年以上・中学生用』藤田和弘監修・熊谷恵子・柘植雅義・三浦光哉・星井純子編著（2008）

part 4 　『幼稚園・保育園・こども園用』藤田和弘監修・熊谷恵子・高畑芳美・小林玄編著（2015）

part 5 　『思春期・青年期用』藤田和弘監修・熊谷恵子・熊上崇・小林玄編著（2016）

引用文献

熊上崇・熊上藤子・熊谷恵子「心理検査のフィードバックを保護者はどのように受けとめているか─親の会へのインタビュー調査の分析─」K-ABC アセスメント研究、21、25-34（2016）

熊上崇・熊上藤子「日本版 KABC-Ⅱ による解釈の進め方と実践事例　第5章3項 検査結果の伝え方─」小野純平・小林玄・原伸生・東原文子・星井純子（2017）

石隈利紀『学校心理学─教師・スクールカウンセラー・保護者のチームによる心理教育的援助サービス』誠信書房（1999）

田村節子・石隈利紀『石隈・田村式援助シートによる子ども参加型チーム援助』図書文化（2017）

WEB サイト・アプリ

「うぇぶサポ」（有）奥進システム◎サポートブックを作成して、印刷できます
http://www.support-book.jp/index.html

あとがき

　この本を手に取ってお読みくださったみなさま、どうもありがとうございました。

　本のすべてとはいかなくても、この中の情報を取り入れて「我が子（支援している子ども）の受けた心理検査の結果を生かせそうだ！」と感じてくださり、実際に行動していただけたらこんなにうれしいことはありません。一人ひとり違う個性の子ども達ですから、本書に書かれている内容通りにしても上手くいくとは限りませんが、そこから読み取ったことを少しアレンジして、さらにはオリジナルの方法を見つけたり、世界で一つのシートを作ったりしていただけたらと思います。

　検査を受けるまでの経緯は一人ひとり違いますが、その過程や結果を大事にするためにも本書がお役に立てたらと考えて作りました。

　子どもを主役にしたチームの中で、関係する誰もが受け身ではなく、自らの生活や学習、そして支援を考えていくときに、本書を役立てていただきたいのです。

　検査結果を生かすときだけでなく、困ったとき、支援にちょっと行き詰まったときにも役に立つように書きました。1回読んで本棚に眠らせないようなアイデアを、私自身のこれまでの失敗体験から得た知識や、保護者の方々、お子さん達からいただいたたくさんのものをもとに一生懸命に考えてまとめました。幼児期から思春期まで活用していただきたいと思います。

　本書を形にするまでにおよそ3年間、この半年間はオンラインを活用し、制作チームで何度も検討しました。シンポジウム等も通して各方面の先生方からもご批評、ご助言をたくさんいただきました。さらに、保護者の会の方から貴重なご意見をいただいたことも本書が充実した要因の一つです。心から感謝申し上げます。

　完成に至るまでに、ご助言くださった心理検査等の第一人者の先生方、編集でグイグイとリードしてくださった齊藤暁子様、本当にありがとうございました。

　困難なことがあっても子ども達が自分を好きになり、前を向いて笑顔で歩んでいくことができますように！！

星井純子

初めて、お子さんの心理検査を提案されたときは、どのような思いでしたか。驚いたり、落ち込んだり、中にはやり場のない怒りがわいた方もいたかもしれません。それほどに、我が子が検査を受けるということは重みがあるものです。

　実は、本書制作中に我が家の長女が小学生になりました。娘の就学に際してさまざまな情報に触れ、楽しいアイディアや有用な情報が多く勉強になった一方、中には誤った情報や偏った情報にも出会いました。

　こうした情報に触れた保護者の方々は、不安が増してしまうのでは……。そして、「知能」「IQ」などについて誤った理解が広がると、本来、子ども達が必要とする支援が受けられないのでは、と心配に思いました。情報が溢れる現代だからこそ、正確でわかりやすい情報を整理し、書籍化する意義を痛感しました。

　そこで本書は、保護者の方々が少し肩の力を抜いて読めるようにと、やわらかい文章表現を心がけて書きました。ぜひご家族で話題にしながら、日々の子育てに役立てていただければと思います。

　本書の制作に先立ち、日本K-ABCアセスメント学会の先生方と調査・研究を重ねました。協力いただいた保護者のみなさま、教員・保育者・心理職のみな様、応援してくださった職場のみなさまに改めて感謝申し上げます。それから、自宅で唸りながら執筆する私に、「ママはパソコンが得意だね〜」「自信を持って頑張ってね」と賑やかに励ましてくれた娘達にも、感謝です。

熊上藤子

■執筆者紹介

熊上崇（くまがみ・たかし）パート1執筆

和光大学現代人間学部心理教育学科教授。立教大学教育学科卒業後、家庭裁判所調査官として、札幌、いわき、東京、川越、横須賀で勤務した後、2013年より立教大学コミュニティ福祉学部助教、2018年から現職。筑波大学大学院人間総合科学研究科生涯発達科学博士後期課程修了。博士（リハビリテーション科学）、特別支援教育士SV。日本K-ABCアセスメント学会常任理事。著書に『発達障害のある触法少年の心理・発達アセスメント』（明石書店、2015）共著に『思春期・青年期用 長所活用型指導で子どもが変わるPart5：KABC-IIを活用した社会生活の支援』（図書文化社、2016）などがある。

星井純子（ほしい・じゅんこ）パート2・3執筆

吉備国際大学大学院社会福祉学研究科修士課程修了、東京都の小学校（通常の学級及び通級の担任）を経て、都立特別支援学校コーディネーター主幹、大田区発達障がい支援アドバイザーを務めた後に現職（世田谷区発達障害相談・療育センター相談員、東京都巡回相談心理士、東京成徳大学、法政大学、東洋大学、明治学院大学非常勤講師）。日本LD学会会員、特別支援教育士SV、日本K-ABCアセスメント学会常任理事。共著に『日本版KABC-IIによる解釈の進め方と実践事例』丸善出版（2017）、『長所活用型指導で子どもが変わる〈Part 3・4〉図書文化社（2008、2016）などがある。

熊上藤子（くまがみ・ふじこ）パート2・3執筆

筑波大学大学院人間総合科学研究科生涯発達専攻博士前期課程修了、修士（カウンセリング）。学校心理士。千葉県内及び東京都内の小学校で講師やスクールカウンセラーを務めた後、現職（日本保育総合研究所発達支援課主任。保育園や放課後児童クラブにおける巡回相談、保育者や放課後児童支援員への研修等を担当）。日本K-ABCアセスメント学会会員。共著に『「どうしてそうなの？」と感じたときに読む本―親子で楽しめる子どものつまずきサポートブック』PHP研究所（2015）などがある。

イラスト　松本麻希
組版　CAPS
装幀　後藤葉子
編集協力　師岡秀治

子どもの心理検査・知能検査
保護者と先生のための100％活用ブック

2020年10月20日　第1刷発行
2023年7月20日　第5刷発行

著　者　熊上崇＋星井純子＋熊上藤子
発行者　坂上美樹
発行所　合同出版株式会社
　　　　東京都小金井市関野町1-6-10
　　　　郵便番号　184-0001
　　　　電話　042 (401) 2930
　　　　振替　00180-9-65422
　　　　ホームページ　https://www.godo-shuppan.co.jp/
印刷・製本　恵友印刷株式会社
■刊行図書リストを無料進呈いたします。
■落丁乱丁の際はお取り換えいたします。

ISBN978-4-7726-1436-8　NDC370　257×182
©Takashi Kumagami, Junko Hoshii, Fujiko Kumagami , 2020

動作はよく見えています。恐い言葉で説明する、あるいは、目で見てわかるように伝えるとわかりやすいようです。

子どもの状況と学校にお願いしたいこと

身体・運動	ぜんそくもあるため睡眠が浅く、そのためか午後は疲れやすいです。食事などをしていて姿勢が崩れやすく、椅子から落ちることがあります。手先はやや不器用です。
言語	「先生」を「テンティイ」と言うなど、サ行の発音がまだ苦手です。本人も、「友達から発音を笑われるのが嫌」と気にしています。
生活	身の回りのことは1人でできますが、忘れもの・なくしものが多いので家庭で毎日持ちものは確認します。学校での様子も教えてください。
人との関わり	とても人懐っこく優しいので、機嫌がよければ先生とも友達とも遊べます。ただ、ささいなことで急に怒りだし、そんな時は「どうしたの？」と質問をされると、ますます怒ってしまいます。静かな場所でクールダウンさせてただければ、数分で落ち着くと思います（外出先ではトイレに行くと気持ちが切り替えやすいようでした）。
興味・関心	1桁の数字は読み書きできますが、時計はまだわかりません。恐竜が好きで、よく絵を描きます。歌を歌うことに関心がなく、保育園の朝の会や発表会では歌わずに見学していました。
その他	小学校から放課後デイまでの帰り道に、道路に飛び出したりしないか、安全に帰れるかが心配です。休日に通学路を散歩しながら一緒に練習します。

子どもの情報

名前： ○○	生年月日： ○年○月○日（保育園年長組）
発達に関する診断名： なし	診断を受けた時期： なし
通院・通所機関： なし	服薬： なし

心理検査結果と支援方針

検査名	WISC-Ⅳ
検査実施日	○○年○月○日 （検査時年齢： 5歳6カ月）
検査機関	○○教育相談センター （検査担当者：公認心理師○○さん）
検査目的	就学相談
主な検査結果	FSIQ：76 （VCI：69，PRI：89，WMI：71，PSI：94）

●生活面： 手や体を動かす単純作業が好きなので、当番や役割を担当させてあげると自信につながると
のこと。

●学習面： 言葉で聞いて覚えたり、言葉で説明したりするのが苦手だけれど、毎日の積み重ねで覚えた

検査名

検査実施日

検査機関

検査目的

主な検査結果

検査機関から

結果を踏まえて

相当サポート支援